SHODENSHA
SHINSHO

永田鉄山と昭和陸軍

岩井秀一郎

祥伝社新書

はじめに——永田家との邂逅

電話に出たその人は、とても上品な口調だった。

「何せ、当時三歳だったもので、父のことはほとんど覚えておりません」

彼女の名は、大竹昌子。昌子の父は、ある日突然命を絶たれた。死んだ——のではなく、殺害されたのである。その事件は、犯人の名を取り「相沢事件」と呼ばれる。

昌子の旧姓は永田、殺害された父は、陸軍中将・永田鉄山である。昭和一〇（一九三五）年八月一二日、同じく陸軍の相沢三郎中佐によって、執務中に斬殺された。永田は陸軍の未来を背負う逸材として、「永田の前に永田なく、永田の後に永田なし」とまで言われた存在であり、ために事件の衝撃はすさまじかった。

のちに太平洋戦争を指導し、戦後は絞首台の露と消えた東条英機は永田を敬愛してやまず、彼と行動を共にした。本来なら、東条より先に永田が陸軍、ひいては日本全体を動かしていたはずである。

殺害された時、永田には、二人目の妻・重との間に三人の幼い子どもがいた（死別した最初の妻・文子（ふみこ）との間には二人）。一番上の昌子はまだ三歳。永田が五〇歳近くになって生まれたのだから、さぞかし可愛かったことだろう。いっぽう昌子には、父の記憶はほとんど残っていない。

しかし、重は違う。結婚して五年に満たぬうちに夫を失い、突如一家を支える重圧を双肩に担（にな）うこととなった。永田鉄山という軍人もまた、多くの普通の父親のように、家族にとって大切な大黒柱だったのである。

「母は、自分に厳しい人でした。特に戦後はとても苦労して私たちを育ててくれました」

戦後になると、しばらくの間は軍人恩給が停止した。軍人への世間の風当たりも強く、女手一つで三人の子どもを抱えた苦労は察（さっ）するに余りある。

昌子によれば、重は生涯、夫・鉄山について外部だけでなく、家族にも語ることはなかったという。彼女は子や孫たちと同居しており、話す機会はいくらでもあったはずだが、とうとう口を開くことはなかった。そして、夫の分まで生きたかのように、九一歳で天寿を全（まっと）うした。

陸軍を担うことを期待された永田は、敵が多かった。有能で出世街道を歩むエリート官僚ともなれば、やっかみも含め、敵は少なくない。それは現代でも変わらない。しかし、さまざまな問題を抱え、時には五・一五事件のような流血の惨事も起きた昭和初期にあって、陸軍の中枢部にあることは、現代とは比較にならないほど重い意味を持っていた。

永田は、軍内部で起こった派閥対立（いわゆる皇道派と統制派、第四章で詳述）の一方の雄と見なされ、敵対者の激しい憎悪を買った。犯人の相沢は永田を「日本で一番悪い奴」と断じ、自らの行ないが正義と信じて凶行におよんだ。事情は複雑で、重の口が重くなるのも当然だろう。

永田家の系図

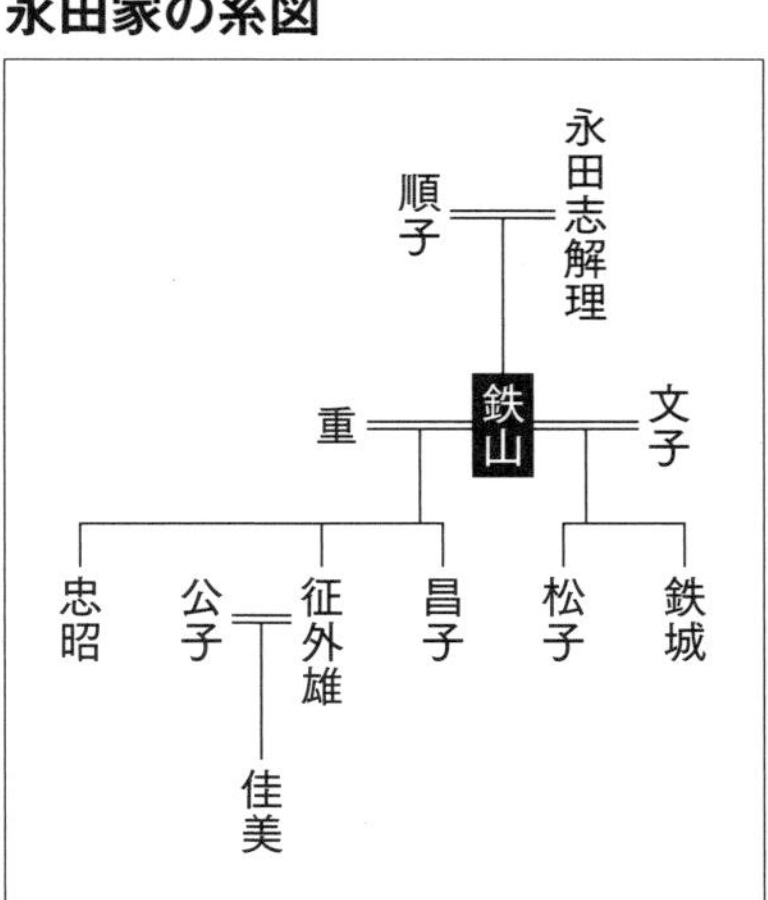

この点は、筆者に話を聞かせてくれた孫の佳美も同じだった。

「取材なども来ていただきましたが、祖母が生きているうちは極力ご遠慮しました」

とはいえ、祖父についてまったく話を聞かなかったわけではない。

「母の親戚からは言われることがありました。『えらいお祖父ちゃんだったんだから、ちゃんとしなさい』って」

では、娘の昌子は、父親をどのように思っていたのだろうか。

筆者が昌子に「お父上を尊敬していますか」と問うと、「はい、尊敬しています」と、はっきりとした答えが返ってきた。重が話さずとも、親戚から父がどんなに優れた人であったか、聞かせてもらっていたからだ。

昌子は父の直接の記憶がないため、犯人である相沢三郎について怒りのようなものは感じていないと言う。この点は、佳美も同じだった。

「これは想像ですが、もしかすると、祖母（重）は鉄山が日本にとって良くないことをしてしまったのかもしれない、と思っていたのかもしれません」

佳美が口にしたのは、意外な言葉だった。もし永田が生きていれば、太平洋戦争は避けられたとする研究者がいる。少なくとも、永田を「悪い奴」とすることはほとんどない。もちろん、永田が敷いた路線の上に対米開戦、そして悲惨な敗戦があると考える人物もいる。それは、永田と敵対した旧軍人に多い。

重夫人は「ひょっとしたら」と一抹（いちまつ）の不安を抱きながら、夫の死後六〇年という長い歳月を生きたのだろうか。これは、永田を直接知らない佳美も同じだった。祖父はひょっとしたら、日本をまちがった方向に導（みちび）いてしまったのだろうか、と。

「私も祖父のことを知りたいと思っています。ですから、遠慮なく書いてください」

永田家に遠慮はいらない、真実を知りたいという真剣な思いが伝わってきた。

平成が過ぎ、令和を迎えた今、昭和という時代に思いを馳（は）せる人は少なくない。陸軍の逸材・永田鉄山が目指したものはなんだったのか。彼はなぜ死なねばならなかったのか。昭和一〇年八月一二日に日本の運命はどう変わったのか、あるいは変わらなかったのか。筆者なりに、その答えを探す旅に出たいと思う。

なお、引用文は旧漢字・旧かなづかいを現行のものに、一部の漢字やカタカナをひらがなに改め、ふりがなをつけている。句読点なども一部加除した。

岩井秀一郎（いわいしゅういちろう）

目次

第二章　陸軍のエリート

第三章　「永田構想」と昭和陸軍

第四章 相沢三郎と皇道派

第五章 永田鉄山とは何者だったのか

本文デザイン　盛川和洋
図表作成　篠　宏行

第一章

八月一日、軍務局長室

斬殺

昭和一〇（一九三五）年八月一二日午前九時四五分頃、陸軍省軍務局長室で、事件は起こった。その時、局長室にいたのは三人、すなわち東京憲兵隊長の新見英夫大佐、軍務局兵務課長の山田長三郎大佐、そして軍務局長永田鉄山少将である（石橋恒喜『昭和の反乱上巻』以下、同書より）。

季節はお盆、しかも猛暑だった。軍務局長室のドアは開け放しで、入口近くの右手には衝立があった。衝立左手前には応接用円テーブル、奥には事務机があり、入口と対面するように永田、机をはさんで山田と新見が背中を向けて座っていた。この時に話し合われたのは、とある怪文書に関してであった。

新見大佐が東京・銀座裏の印刷屋から押収したその怪文書は、「粛軍に関する意見書」と銘打たれていた。新見は最初、兵務課長の山田のもとを訪れたが、山田は「そのような報告なら直接、軍務局長にしてほしい」と、二人連れ立って永田の部屋へと赴いた。永田も、これを重要視したのだろう、軍事課長も同席させたほうがいいと言ったので、山田は席を立ち、隣室にいる橋本群軍事課長を呼びに行った。

その時、局長室の入口から一人の軍人が入ってきた。歩兵第四一連隊の相沢三郎中佐である。相沢は無言のまま軍刀を抜き、事務机を南側から回り込む。ようやく気がついた永

永田鉄山（陸軍正装）

明治17（1884）～昭和10（1935）年。士官学校16期、陸大23期。勲章と共に、陸軍大学校卒業徽章（左下の、楕円台座に星）を佩用している　（永田家所蔵）

田が、立ち上がって避けようとしたのだろう。わずかに右に体を向けた時、背中へ向けて刀を振り下ろした。

この一撃は浅く、永田はなんとか机を右側に回り、そのまま隣室の軍事課長室へと逃（のが）れようとする。永田と対面していた新見はなんとか相沢を食い止めようと、その腰部に抱きつくが、相沢の斬撃によって、左上腕（ひだりじょうわん）に長さ一五センチ、深さは骨にまで達する傷を負い、その場で意識を失った。

永田はなんとか机を回り込み、隣室のドアにたどり着いたものの、そこで相沢につかまってしまう。相沢は右手で軍刀の柄（つか）を握り、左手で刀身をつかむと、永田の体を一気に貫（つらぬ）いた。のちの裁判で弁護人を務めた菅原裕（すがわらゆたか）の著書には、次のようにある。

> その左背部を強く突刺（つきさ）し、更（さら）に同少将が同室内応接用円机の東南側に到り仰向（あおむ）きに顚（てん）倒（とう）するや、其（そ）の左顳顬（こめかみ）部に斬り付け、因（よっ）て同少将の背部に長さ九・五糎（センチ）、深さ一糎及（および）長さ七六糎、深さ十三糎、左顳顬部に長さ十五・五糎、深さ四・五糎の創傷（そうしょう）外数創を被（こうむ）らしめ、為（ため）に同少将をして右創傷に因（よ）る脱血に基（もとづ）き、数刻を出ずして同室に

於て死亡するに至らしめ……。

（菅原裕『相沢中佐事件の真相』）

惨劇、と言うほかない。相沢は剣道六段の達人である。彼は強い決意を胸に秘めて永田を斬り、突いてとどめを刺した。「暗殺」と呼ぶにはあまりにも堂々としたこの凶行こそ、「日本の行く末を変えた」大事件であった。

相沢三郎

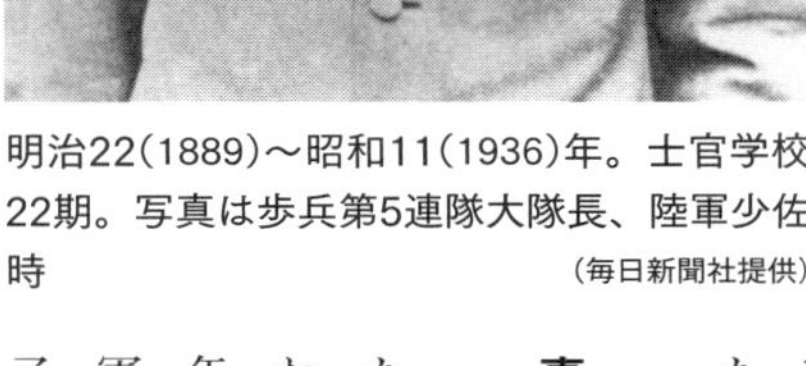

明治22（1889）～昭和11（1936）年。士官学校22期。写真は歩兵第5連隊大隊長、陸軍少佐時　（毎日新聞社提供）

事件の衝撃

陸軍省は騒然となった。当日、陸軍省を訪ねた松下芳男（大正九年に陸軍中尉で停職。軍事史家）は、その様子を次のように記す。

筆者は丁度この午前十時頃、某の友人を陸軍省に訪ねる用あって、裏門をくゞらんとしたのであったが、見ると何事ぞ、時ならぬに鉄扉堅く閉ざされて、顎紐いかめしい憲兵が佩剣の音を不気味にひゞかせながら、何人をも門内に入れずと警戒しているのであった。何事なるやとたづねたけれども、何事も知らせてくれない。然も見れば、省内は全く異常のざわめきである。裏玄関附近に右往左往、上昇下降する将校のあわたゞしさ、各部屋より部屋へ、屋舎より屋舎へ馳け廻る使丁給仕のいらだたしさ。明朗平和な夏の朝はケシ飛んで、省内は全く驚愕と、緊張との非常時色に塗りつぶされて了ったのである。

（松下芳男『永田鐵山論　附録國家總動員に就て』）

本来、「戦争」という非常時に強いのが軍人である。ましてや、将校（士官）は部隊を率いて指示を出す立場にある。兵士以上に冷静さを保たなければならない。それが、この体たらくである。しかし、いかに訓練された軍人でも、戦争でもないのに「将軍閣下」と呼ばれる立場の者が白昼、しかも組織の中枢である陸軍省で、中堅士官に斬殺されるなど

事件直後の陸軍省

陸軍省表門。憲兵の姿が複数見える　（永田家所蔵）

とは思ってもみなかっただろう。それほど異常事態だった。

松下の見た外部の光景がこの通りであるから、内部はもっとひどかった。事件当時、軍務局長室の隣の大部屋には、何人かの幕僚が一緒に仕事をしていたが、そこに血相を変えた一人の将校が飛び込んできた。「軍務局長室が大変だ」と叫んだその将校は軍刀を手に持ち、しかも服は袖がちぎれ、血が滴（したた）っている。相沢に左腕を斬られた新見憲兵隊長である。

執務中だった池田純久（いけだすみひさ）少佐は「しまった」と叫び、同室の武藤章（むとうあきら）中佐と共に軍務局長室へと急いだ。凄惨（せいさん）な襲撃が行なわれた現場では、永田が上半身を肘で支え、かろうじて息をしていた。池田は夢中で永田を抱き起こし、「閣下」「閣下」と呼びかけるも、まもなく永田は絶命した。

駆けつけた人々は、此の惨状を目の当りに眺め、只、呆然として立ちすくんだ儘である。「犯人はどうした」と叫ぶ誰れかの声に、始めて我にかえった。元より犯人は現場から姿を消している。俄かに省内は鼎の沸くように大騒ぎとなった。まさか軍人の犯行だとは思わなかったのだが、暫くして、それは相沢と云う現役中佐だったことが判明し、今更ながら唖然とした。

（池田純久「永田鉄山斬殺と陸軍の暗闘」『人物往来』）

池田は当時、陸軍省への風当たりが強いのを十分認識しており、「不吉な予感があった」とも述べている（池田・同記事）。池田と共に局長室に駆け込んだ武藤章は永田を尊敬しており、のちに記す「永田構想」を受け継ぐことになる。

犯人である相沢の姿も異様であった。犯人捕獲に駆けつけた小坂慶助憲兵曹長は相沢を目撃、次のように記している。

長顔で、頰骨が目だって高く、口は大きく、眼は吊り上がり、顔面蒼黒く、容貌魁偉な五尺八、九寸もある偉丈夫、無帽でこの暑いのに血に染まったマントを着て、右手に三尺位のトランクを携げ、血だらけの左手を胸の辺に上げて、大股に歩いて来る。

（小坂慶助『特高 二・二六事件秘史』）

「五尺八、九寸」は一七五〜一七八センチ。平均身長が今よりずっと低かった当時、大柄と言えるだろう。そのうえ、たった今、人を殺してきたのだから、顔色は尋常のものではなかっただろうし、何よりも、真夏にマントを着て、左手は血まみれである。事件を知らずとも、目を留めるだろう。

相沢の左手が血まみれだったのは、二刀目で永田を突き刺した際、誤って刃に左手を添えたことが原因だった。凶行を二〇秒ほどで終えた相沢だが、やはり緊張があったのだろう。相沢はそのまま小坂にうまくなだめられ、憲兵司令部へと連行されていった。

気の毒なのは、事件直前に隣室に行った山田兵務課長である。山田は直接の被害こそ受けなかったものの、相沢の白刃を恐れて逃げた、相沢を手引きした（二人とも仙台陸軍幼年学校の卒業）などの噂を流された。

謂れなき誹謗中傷に対し、山田は同年一〇月五日、事件当時の行動について「不徳の致す所」と記し、古式に則り腹を十文字に切って果てた（高宮太平「永田鐵山暗殺の蔭の犠牲者」『讀本・現代史』）。自らの命を絶つことで、責任を取ったのである。彼もまた、事件の犠牲者と言えるだろう。

磯部浅一の証言

事件が起きた朝、一人の男が陸軍省へと駆けつけていた。彼は松下とは異なり、予兆を感じ、車を飛ばしてきたのである。元軍人である彼の名は、磯部浅一。のちに日本を震撼させる二・二六事件、その首謀者の一人である。

磯部は二・二六事件後に軍法会議で死刑となるが、その獄中に記した手記で永田が殺された日のことを振り返っている。

省前は自動車で一杯、軍人があわたゞしく右往左往している。たしかに惨劇のあった事を物語るらしいすべての様子、余の自動車は省前の道路でしばらく立往生になったので、よく〳〵軍人の挙動を見ることが出来た。往来の軍人が悉くあわてゝいる。どれもこれも平素の威張り散らす風、気、が今はどこへやら行ってしまっている。余はつく〳〵と嘆感した。これが名にしおう日本の陸軍省か。これが皇軍の中央部将校連か、今直ちに省内に二、三人の同士が突入したら陸軍省は完全に占領できるがなあ、俺が一人で侵入しても相当のドロボウは出来るなあ、なさけない軍中央部だ、幕僚の先は見えた、軍閥の終えんだ、今にして上下維新されずんば国家の前路を如何せんと云う普通の感慨を起すと共に、ヨヲッシ俺が軍閥をたおしてやる。既成軍部は軍閥だ。俺がたおしてやると云う決意に燃えた。

（河野司編『二・二六事件　獄中手記・遺書』）

磯部は、永田殺害の現場である陸軍省で、エリートである幕僚たちの周章狼狽を見て、そこに「軍閥をたおす」好機を見つけたのだ。だとすれば、翌昭和一一年二月二六日の決起を間接的に促したのは相沢ということになる。

なぜ殺されたのか

永田は軍務局長という要職にあり、大変な切れ者であった。しかし、相沢が襲った理由はそれだけだろうか。単なるエリートであれば、省部（陸軍省と参謀本部）に勤務する軍人にも大勢いる。永田がいなくなろうとも、その後を引き受ける軍人はいるだろう。しかし、永田は単なるエリートではなかった。

相沢は凶行前日、青年将校の大蔵栄一大尉（二・二六事件に連座して免官）と、次のような会話を交わしている。

「ときに大蔵さん、いま日本で一番悪い奴はだれですか」

「永田鉄山ですよ」

私は即座に答えた。

「やっぱりそうでしょうなァ」

相沢は、かすかにうなずいた。

(大蔵栄一『二・二六事件への挽歌』)

永田は、相沢のみならず、他の青年将校にとっても「日本で一番悪い奴」だった。断わっておきたいが、相沢はこの時の大蔵の言葉で思い立ったわけではない。すでに永田殺害を心に決めており、大蔵の言葉で決意を再確認したようだ。

永田が「日本で一番悪い奴」と呼ばれるには、彼がそれだけの能力の持ち主でなければならない。「一番悪い奴」は「一番の強敵」でもあるはずだ。

永田のもとには東条英機、武藤章、池田純久など、その後の陸軍を大きく動かした人材がひしめいていた。さまざまな経緯を経て、彼らはその後の陸軍を動かす存在となる。もし永田が生きていれば、彼らの前に陸軍を動かす存在になっていたことはまちがいない。陸軍という巨大組織は、また別の変化をしていた可能性がある。

そして陸軍が大きく変わっていたならば、陸軍が大きな影響力を振るった昭和の歴史そのものも変わっていただろう。実際には、この時殺害された永田の「その後」を見ることは叶わないのだが、そのような「可能性」を感じさせる何かが永田にはあった。

その永田を斬った相沢が、青年将校たちから「偉大な先覚者」扱いされたのも、永田鉄山という人物の存在感を逆の立場から証明していると言える。

第二章

陸軍のエリート

病院長の息子

永田は明治一七（一八八四）年一月一四日、長野県諏訪郡上諏訪町（現・諏訪市）に生まれた。近くには、観光地として有名な諏訪湖が控えている。父は志解理、母の順子は後妻で、志解理は前妻との間に三男一女をもうけていた。

綾部橘樹、有末精三、片倉衷ら旧軍人たちの手による『秘録 永田鉄山』には、永田家について次のような解説を載せている。

永田家は代々医を業とした由緒ある家柄であった。父志解理は当時郡立高島病院の院長で令名高く、中肉中背の極めて穏和な人格者で、人呼んで「院長様、院長様」と敬ったものであり、家計も豊かで家も広く、邸内からは温泉も湧き出しているというようなわけで、この裕福な家庭に芽生えて自然に人格の高潔と温みのある性格とを植え付けられたものであろうか。

（永田鉄山刊行会編『秘録 永田鉄山』以下、同書の編者は省略）

ここに言われる永田の性格を、のちに永田の後を継ぐ東条英機と比べるとおもしろい。東条は、父・英教（ひでのり）（陸軍中将）から大変厳しく育てられた。英教は南部藩（なんぶはん）の元藩士だが、南部藩は幕府側として戦っていたため、維新後は不利な立場にあった。加えて、英教の性格もそれを助長した。東条英機と親しかった新聞記者の高宮太平（たかみやたへい）によれば、英教は「当然大将にもなる人材だったが、性狷介（けんかい）にして、上官といえども間違ったことを言えば少しも容赦しな」かった（高宮太平『昭和の将帥』）。「狷介」とは意志が強く、他人と折り合わないことである。

息子・英機も「カミソリ」と言われる冴（さ）えを見せながらも、「何につけても理屈が多い。気に入らないことを言われるとすぐ顔色をかえる。正直と言えば正直だが、図太（ずぶと）さがなく幅が狭（せま）」かった（同右）。一言で言えば「器（うつわ）が小さい」ということになるだろうか。

いっぽう、永田にはそのような話はなく、人間的な幅広さを感じさせるエピソードが多いようだ。同じく高宮は、永田について「頭もむやみによかったが、世のいわゆる秀才タイプとは異なり、酒は飲む、女遊びもする。いっこう勉強していないようで、歩兵ではいつも首席」だったと記している（高宮太平『軍国太平記』）。

仮に東条を「型通りの秀才」とすれば、永田は「型にはまらない天才」とでも言えばいいだろうか。

その永田も、幼い頃は他の子どもと変わるところはなかったらしい。明治二三（一八九〇）年四月、六歳の永田は上諏訪町の高島尋常小学校（現・諏訪市立高島小学校）に入学する。学校内では「鉄サー」と呼ばれた。力が強いわけではないが、弱くもなく、父が院長であるから服装もきちんとしていたが、腕白でもあった。ただし、弱い者いじめや他人へ迷惑をかけることはしなかったという（『秘録 永田鉄山』）。

小学校の同級生・武居まつよが残した回想も、永田が「普通の少年」だった以上の印象を受けるようなものではない。

> 故永田鉄山将軍と私は小学校一年の時同級生で、今でも忘れないことが一つあります。それは先生が『夜』という字を知って居る者は手を上げろと教室で生徒に言いました時、私と永田さんが手を上げて、二人は黒板の前に進みそれぞれ書き始めたところ、永田さんが私の所を一寸見ました。先生は、「永田は書かないでよい。席へ帰れ」

と言われそれで私一人で書いた覚えがあります。ほかに思い出すことはとても成績の良い、黒い顔をして居て強い気質の人だったことです。人生中途にして凶刃に斃れた事が残念でなりません。

（『秘録　永田鉄山』）

つまり、この頃の永田にはまだ軍人を志願するような心の芽生えはなかった。ごく普通の、全国どこにでもいる腕白小僧として日々を過ごしていたわけである。もちろん、小学校在学中に起こった日清戦争（一八九四～一八九五年）に刺激を受けて、戦争ごっこをすることもあった。しかし、それは戦前の少年ならば誰しも、軍隊に対する素朴な憧れは持っていたし、祖国の勝ち戦に影響されて戦争ごっこにひたるのも珍しくはなかった。これをもって、のちの軍人・永田と結びつけるのは難しいであろう。

永田が軍人を目指したのには、もっと直接的で深刻な事情があった。それは、明治二八（一八九五）年八月二六日の、父・志解理の死である。

父の死、そして軍人へ

志解理は、「医は仁術」を体現したような人物だった。高島病院では、貧しい者からは薬代を取らず、場合によっては診察料すら受け取らなかったという。そして、六一歳の夏に逝く。三月から病に臥した末の死去だった。死の直前に志解理が遺した言葉が、永田の運命を決定づけた。

「鉄山！　お前は必ず立派な軍人になれよ！　……そしてお国のために……父も十万億土のあの世で喜ぶように……」

「ハア必ずともにお言葉を」

（『秘録　永田鉄山』）

代々医者として続いてきた永田家であったが、志解理は、なぜ息子に軍人の道をすすめたのだろうか。

利益を二の次にして、世のため人のため医の道に生きた志解理にしてみれば、その信念の行き着く先に、「国のため」があったのかもしれない。現在進行形で発展する近代日本を支える象徴として、軍人という道があったのだろう。

かくて、永田鉄山の行くべき道は決まった。特に進路に目標がなかった永田は、父の言葉によって「陸軍を背負う男」としての人生を踏み出したのである。もっとも、永田家が陸軍にまったく無関係だったわけではない。志解理と前妻の間に生まれた次兄・十寸穂（ますお）は陸軍将校となっており、志解理や鉄山の頭にはこのこともあったろう。

しかし、一家の大黒柱を失って、女手一つで子どもを抱えて生きていくのは難しい。一家は、住み慣れた故郷を離れる決断を下すのである。

当時この諏訪町からは汽車もなく、夜のひき明けにガタ馬車で住み馴（な）れた上諏訪を後にまだいとけない五人の子供を連れての旅路である。

（『秘録　永田鉄山』）

これが明治二九（一八九六）年一〇月末だから、父の死から一年とすこし後のことになる。まるで夜逃げのような上京に、幼い永田は何を思っただろうか。

一家が落ち着いたのは、東京の十寸穂宅だった。永田はそこから、東京市牛込（うしごめ）区（現・

新宿区）の愛日尋常高等小学校（現・愛日小学校）に通った。陸軍中尉だった兄は陸軍中央幼年学校の区隊長をしており、軍人志望の永田の家庭教師としては適任だっただろう。

当時、陸軍将校となる道は二つあった。一つは、五年制の旧制中学校（現・高等学校）を卒業して、陸軍士官学校（以下、士官学校）を受験・入学する方法。もう一つは、仙台、東京、名古屋、大阪、広島、熊本にあった陸軍地方幼年学校（三年制）に入学し、東京の陸軍中央幼年学校（二年制）を経て、無試験で士官学校に入る方法である。

永田が選んだのは後者である。陸軍地方幼年学校は専門的な軍事教育を施すわけではないが、少年時より組織の一員となるのであるから、より純粋培養されることになる。その点ではプロ（専門家）を養成するのに適していたと言えるが、外の広い世界を知らない分、視野が狭くなる欠点もあった。

永田は父の遺言に応えるべく、東京陸軍幼年学校の試験を受け、見事合格。明治三一（一八九八）年九月、一四歳の時だった。

非凡と平凡

永田が東京陸軍幼年学校（以下、東京幼年学校）に入学した頃、板垣退助の自由党と大隈重信の進歩党が合同、憲政党が結成されたが、憲政党の一部は幼年学校廃止論を唱えていた。強い逆風が吹くなかで、永田は己の進路に踏み出したのである。しかし、入学すると、外部世界とは良くも悪くも遮断されており、あまり関係なかったようだ。

永田は黙々と勉強に取り組み、歴史の授業は格別熱心に聞いていた。なかでも、東洋史を教える岡田正之教授は「説かれる所熱烈火の如く」、情熱をかき立てるものだったらしい。永田は相当感激したようで、彼のノートは友人たちに次から次へと借りられていった。このエピソードを記す『秘録　永田鉄山』には、この授業こそ、後年の永田を形作る大いなる力となったとしている。

明治三四（一九〇一）年五月、永田は東京幼年学校を優秀な成績で卒業し、同年九月に

永田鉄山（陸軍幼年学校時）

（永田家所蔵）

陸軍中央幼年学校（以下、中央幼年学校）へ入校した。

この年、政治の世界では、伊藤博文が立憲政友会（以下、政友会）を結成。日本の政党政治が本格的に動き出そうとしていた。翌年には、ロシア帝国の拡大に対抗するため、日英同盟が結ばれる。大英帝国と同盟を結ぶことに、当時の日本人は沸いたが、それだけ状況が切迫していたということでもある。軍籍にある身として、永田にもなんらかの思いは当然あったろう。

永田は、中央幼年学校でも成績優秀だった。かつては平凡だった少年が、父の最期の言葉に発奮し、大きな目標を見出して、もともと優れていた能力が開花したのかもしれない。永田の所属する区隊の区隊長は金谷範三中尉だったが、永田は金谷に将来を嘱望されていたという（斎藤瀏『二・二六』）。金谷はのちに参謀総長に就任するが、その人物に将来を見込まれていたのである。

永田は成績優秀ではあったが、人を見下すようなことはなく、「寧ろ平凡人として終始」したという（『秘録　永田鉄山』）。態度はごく普通で、トゲトゲしたところがなかった。これを、同じく逸材として知られる石原莞爾と比べてみよう。石原と士官学校、陸軍大学校と同期生だった横山臣平は、石原の人物像を次のように描いている。

石原は天才的な傑出した人材だけに、人柄に奇矯異質の点が多く、自信が非常に強くて妥協性に乏しく、とくに筋の通らない他人の意見に対しては極めて反抗的であり、彼の無遠慮な常軌を逸した放言などは、相手の感情を害することが多かった。

（横山臣平『秘録 石原莞爾 新版』）

このように、石原のエピソードはいかにも才気走ったものが多い。良く言えばカリスマ、悪く言えば傲岸不遜となるだろうか。多くの人を惹きつけた半面、敵も多かった。いっぽう、成績優秀ながら嫉視反目を受けなかった永田は、それだけ人間ができていたとも言える。多くの人々に慕われた父の影響があったのかもしれない。

外交官の大橋忠一などは永田と石原を比較して、前者を高く評価している。

いちばんバランスのとれた頭のバランスのとれた人。石原なんかちょっとアンバラン

スな点があったんだけどな、この永田に限っては非常にバランスのとれた常識的ない
い軍人ですよ。格好もいい格好しとったがね。ただ、殺される時になんか逃げたと
か。そりゃあんた、白刃を突きつけられりゃあ逃げますよ、そりゃ。思いがけないん
だからね。

（小池聖一・森茂樹編『大橋忠一関係文書』）

「いい格好」とは、風采が良かったということだろう。軍人にありがちな粗野な雰囲気が
なく、理知的だったということではないか。永田が相沢の凶刃から逃れようとした行動も
擁護している。当時のことであるから「軍人なのに敵にうしろを見せるとは」という非難
もあったようだが、大橋はこの点にも理解を示している。

いずれにせよ、外交官が、本来あまり親密とは言えない陸軍の軍人を賞賛していたこと
は注目に値する。

永田は中央幼年学校を次席（首席に次ぐ成績）で卒業し、その優秀さをはっきりと見せ
つけた。もちろん、学校での成績優秀＝軍人として有能、ではない。実際、永田を上回っ
た首席の桑木崇明は軍職を全うしたものの、永田のように陸軍を担う存在として注目さ

れることはなく、一般的知名度も皆無に等しい。

学校の成績はあくまで能力の一端を示すもの、と考えるのがいいだろう。そして、永田は単なる「学歴秀才」ではなかった、ということになる。

士官学校での日々

明治三六（一九〇三）年五月、中央幼年学校を卒業した永田は士官候補生となり、東京・麻布の歩兵第三連隊に入隊する。陸軍では、中央幼年学校を卒業すると、まずは六カ月間の隊付勤務をして、その後に士官学校へと入校することになっていた。歩兵第三連隊と言えば、その一部がのちに二・二六事件を引き起こしている。

隊付勤務はとても厳しく、中央幼年学校時代とは比べものにならなかった。

当時は日露開戦の前年であり、東亜の風雲急を告げつつあり、軍隊の教育は緊張そのもので、教練その他極めて猛烈な演練は続けられたのであった。「明六日は青山練兵場で大隊教練、午前六時集合、服装は背嚢に外套、換靴を付け、煉瓦一個を入る丶事」と、入隊のその日のお達し、「何、へこたれるものか……学校で鍛え上げたこの身体だ」と威張りはしたものの、学校のそれとは格段な差異のある教練の烈しさに、苦しんだ事はもとよりであるが、決して他のものにヒケを取るような永田ではなかった。

（『秘録　永田鉄山』）

風雲急を告げる国際情勢は、否が応でも「将校の卵」たちを刺激したことだろう。永田はここで軍人としての基礎を叩き込まれ、同年一二月、士官学校へと入学。第一六期生だった。

同期には、岡村寧次、小畑敏四郎、板垣征四郎、土肥原賢二らがいる。板垣は陸軍大臣を務めて陸軍大将となり、土肥原は陸軍でも屈指の中国通として、同じく陸軍大将になった。しかし、二人は極東国際軍事裁判（東京裁判）でA級戦犯に指名され、死刑となっている。

岡村、小畑の二人は、特に永田と親しかった。この三人は「一六期の三羽烏」と言われ、将来を嘱望されていた。なかでも小畑は優秀で、しかも父は明治維新に際しての功により男爵を授けられた貴族院議員であった。その小畑にしても、永田にはおよばなかった。

永田は講義ではまじめに聞いているものの、自習時間まで勉強することはめったになかった。試験前も、必死に勉強する他の学生を尻目に、試験に関係のない中国語の勉強などをしていた（永田の専修はドイツ語）。しかも、同期生から質問を受けても、ていねいに答えていた。

あまりの余裕ぶりに小笠原数夫などは「貴様は頭はいいだろうが、少しは自分の勉強もしてはどうか、貴様がそうしていると、われわれはいかにも自分が腑甲斐なく思えてくる。頼むから勉強してくれ」と懇願したという（高宮『昭和の将帥』）。

要するに、物事の要点を摑むことに優れ、記憶力と理解力が高かったのだろう。日本中の秀才が集まる士官学校において、その頭脳は他を圧倒していたのである。

いっぽう、小畑は勉強に注力する秀才だったようで、前述の高宮太平は両者を比較して「永田は天成の偉材であり、小畑は勉めて己をみがいた。成績という点になると甲乙のないことになるが、天資においては異なるものがあった」としている（同右）。

ただし、これはあくまで高宮の評価である。高宮の友人で同じく新聞記者の有竹修二によれば、高宮が「陸軍軍人として、また一個の人格として」尊敬していたのが「永田鉄山と渡辺錠太郎」であるというから、身びいきの可能性を排除するわけにはいかない。現に、小畑の伝記を書いた須山幸雄は、高宮とは別の見方をしている。

思うに敏四郎は将校生徒の点取り競争に疑問を抱いた結果ではないかと思う。これは後の彼の将校教育や陸大での学生指導の根本思想につながるのだが、敏四郎はいわゆる勉強、つまり暗記力だけに頼るガリ勉型ではなかったことは確かである。丸暗記は全く戦場では役に立たない。敵の出方によって、戦場の様相は時々刻々千変万化する。ここで大切なのは、指揮官の度胸と勘である。部下の犠牲をできるだけ少くして敵に勝つ、ということが指揮官に与えられた絶対唯一の至上命令である。この使命を遂行するためにこそ将校生徒の勉強がある。（須山幸雄『作戦の鬼　小畑敏四郎』）

同書によれば、「机上の勉強」に重きを置かなかった小畑はけっしてガリ勉ではなかった。しかし、須山はこの一文の後に「推察される」と記述しており、直接取材をしたりしたわけではないようだ。

高宮と須山の経歴を比べればはっきりするが、高宮は明治三〇（一八九七）年生まれで、陸軍担当記者を長年務めた名物記者。永田はもちろん東条英機、荒木貞夫、真崎甚三郎、杉山元など、数々の陸軍将星から直接話を聞き、現場を見ている。おそらく、小畑に話を聞いたこともあっただろう。

いっぽうの須山は大正二（一九一三）年生まれ、高宮とは一五歳以上の差がある。著書を書くにあたり、旧軍人たちに話を聞いているが、それは戦後のことであり、対象者も高宮が取材対象とした人々よりは若く、臨場感という点で見劣りする。

その時代に生きた人々と間近で見聞きしたか否か、この差は大きい。ましてや、須山の一文は推測である。確かに優秀な二人であったが、永田に軍配が上がったと見ていいだろう。

明治三七（一九〇四）年一〇月二四日、永田は首席の栄光をもって士官学校を卒業した。ちなみに、小畑も優等（五位以内）という好成績だった。

陸軍大学校に入学

士官学校を卒業した永田は、見習士官として麻布の歩兵第三連隊に戻る。そして明治三七（一九〇四）年一一月一日、晴れて歩兵少尉となった。まだ日露戦争は続いており、いつ動員されるかもわからない。緊張感のある勤務だっただろう。

結局、永田とその指揮下の中隊が海を渡ることはなかった。明治三八（一九〇五）年九月に、アメリカの仲介によって日本とロシアの間でポーツマス条約が結ばれ、国運をかけた大戦争は終結したからだ。明確に「勝った」とは言い難い状況ではあったが、優勢な状況で戦争を終結させたことはまちがいない。誰もが「圧倒的に負ける」と思っていた戦いを互角以上に戦った時点で、日本としては勝ちに等しかった。

しかし、国民はこれに納得しなかった。払った犠牲に対して、報い（むく）があまりにも少ない、と感じたのである。外交官の小松緑（こまつみどり）は、当時の国民感情について次のように記している。

ロシヤをして樺太（からふと）全部はおろかなこと、黒竜（こくりゅう）州、沿海（えんかい）州までも割譲（かつじょう）せしめ、しかして少くとも二十億の償金を支払わしめようと威張っていた日本国民が、償金なしの樺太半分でケリがついたと聞いたのであるから耐らない。失望落胆と悲憤慷慨とがゴッチャになって、帝都の真中に焼打騒動が起って、警察力が行われないで、軍隊が出動するという物凄い光景を呈した。
（小松緑『明治外交秘話』）

日本はすでに継戦能力がほとんどないなか、交渉にあたった日本側全権の小村寿太郎外相は全力で折衝。のちに名外交官の一人として名前が挙げられる小村だが、この時は売国奴扱いされ、帰国に際して命の危険すらあった。

有名な日比谷焼打ち事件は、この講和条約に憤った大衆が暴徒化したものである。交番や警察署などが襲撃され、死者が出るに至って、戒厳令（治安維持のため立法・司法・行政の一部あるいは全部を軍部の指揮下に移すこと）が布かれることになった。

永田もまた警備などに従事している。緊張感を持って士官学校を卒業したところ、戦うのはロシアではなく、暴徒と化した自国民だったのはなんとも皮肉である。

永田は明治四一（一九〇八）年、陸軍大学校（以下、陸大）に入学する。陸大は、参謀将校を育てるための教育機関であり、陸軍における最高学府である。士官学校も難関だが、その卒業生のなかで一握りしか入学できず、難関中の難関だった。しかも、日露戦争中は陸大が閉鎖されていたため、例年よりも受験人数が多かったが、永田は合格した。第二三期生である。ちなみに、士官学校同期の小畑も同時に入学している。

永田は、ここでも頭脳の冴えを見せている。入試の段階で、陸軍砲工学校の高等科を出た者でも解けないような数学の問題をやすやすと解いてみせ、加えて語学に堪能、文才も光ったという。

永田は兵站（へいたん）（軍事物資の補給・整備・輸送活動）に関して詳しかったとされるが、のちの太平洋戦争で日本が多大な損害を被（こうむ）った理由の一つが兵站の軽視だったことを考えると、「永田ありせば」の気持ちがいっそう強くなる。

『秘録　永田鉄山』には、「ある大学同期の回想」として次のように記されている。

当年の永田中尉が俊敏抜群の器であった事は言（げん）をまたない。ただこの種の逸材として通有（つうゆう）の、凡俗（ぼんぞく）を軽んずるような気風は中尉においては絶対になく、常に人に接する謙譲、礼儀に厚く言々区々肺肝より出で、人をして敬服せしめた。時に諧謔口を衝き、諷刺人を刺すの言動があったが、聞くものをして粛然衿を正さしむるものがあった。真に人の心をとるの『コツ』を得た人であった。

（『秘録　永田鉄山』）

永田鉄山（陸軍大学校時）

（永田家所蔵）

先に、同じく逸材とされる石原莞爾との比較を述べたが、同期生でも「逸材らしくない」と感じさせるものが永田にはあった。永田が高く評価される割に「天才」「奇才」などの表現が見られないのは、永田の人柄にあるのだろう。世の天才はどこか型破りな、超俗的なエピソードがあるものだが、永田にはそういった側面があまり見られない。逸材と言われながら、常識的な面を持っているのが永田鉄山という人物だった。

ちなみに、永田の陸大時代、幹事（教頭に相当）を務めていたのは、中央幼年学校で永田を見込んだ金谷範三大佐だった。

配属後すぐに挙げた功績

陸大在学中、永田にとって一番の出来事は日々の勉学以上に結婚だろう。明治四二（一九〇九）年一二月八日、永田は母方の従妹（いとこ）にあたる轟（とどろき）文子と結婚した。永田二五歳、文子二〇歳である。文子の父（永田の母の弟）亨（とおる）は東京幼年学校以来、永田を何くれとなく支援してくれており、この結婚は叔父に対する恩返しの意味があったようだ。

家庭を得た永田は明治四四（一九一一）年一一月、陸大を次席で卒業。首席はのちに最後の参謀総長となる梅津美治郎（うめづよしじろう）だが、士官学校は永田の一期上であるから、同期では永田がトップということになる。

陸大卒業後は教育総監部付となり、「軍隊教育令」を作る仕事に携（たずさ）わることになった。

軍隊教育令とは、日露戦争後の陸軍における教育の基本となるもので、特に精神教育に重点が置かれていたという（伊藤隆監修、百瀬孝著『事典 昭和戦前期の日本』）。
陸大を卒業したばかりの中尉、しかも課員ではなく勤務将校の永田に任せる仕事としては、かなりレベルが高く重要なものだった。それだけ、期待されていたということだろう。

軍事教育を担当するのは第一課（課長・河村正彦大佐）。問題は、軍の長老の意思をいかに統一するかである。永田は忍耐強く長老を訪問し、その意思を筆記し、さらにこれを自分で整理して、長老たちに確認を取った。彼らは永田が自分たちの意思をうまく統一したことに驚き、うち一人は「この文章は俺の口述した意味以上含蓄がある」とほめたたえたという。

こうして、永田がスムーズに長老たちの意思統一と了解を取り

永田鉄山（陸軍大尉）

欧州駐在前後と思われる。長めの頭髪は珍しい（永田家所蔵）

つけ、「軍隊教育令」は滞りなく発布までたどり着いた（斎藤『二・二六』）。

この一事からわかるのは、永田の対人折衝の巧みさである。当時の軍の長老は、山県有朋や大山巌など幕末の戦火を潜り抜け、日清・日露戦争を経験してきた頑固者たちである。年若き永田は彼らの間をうまく説得し、しかも気に入られている。この対人折衝能力は、外部の人間と多く接触する軍務局長として必要な条件でもある。まさに、栴檀は双葉より芳し、である。

軍隊教育令の発布後の大正二（一九一三）年、永田は軍事研究のためのドイツ駐在を命ぜられる。しかし翌年八月になると、前月に勃発した第一次世界大戦の影響により、帰国を余儀なくされた。この第一次世界大戦は、永田に大きな影響を与えた。それはやがて昭和陸軍を牽引する重要な構想となる。次章では、永田の戦争体験と、そこから生まれた「永田構想」について見ていきたい。

第三章

「永田構想」と昭和陸軍

第一次世界大戦

ドイツ行きの辞令を受けた永田は大正二（一九一三）年一一月一一日、東京・新橋を後にした。山口県の下関から船に乗って朝鮮半島の釜山へ渡り、そこから中国大陸の長春までは南満州鉄道で移動。ロシア領内をシベリア鉄道で移動し、一一月三〇日にドイツの首都ベルリンへと到着した。約三週間の旅路は当時、外国へ行くことがどれほど遠い道のりだったかを示している。

現地では語学の勉強のため、地方都市に滞在することもあった。翌年四月には、欧州視察中の田中義一陸軍少将（のちに首相）の案内をしている。

しかし、前述のように、永田のドイツ滞在は第一次世界大戦の勃発によって突如打ち切られる。オーストリア＝ハンガリー帝国の継承者であるフェルディナント大公夫妻が、同帝国の領土だったサライェヴォでセルビア人青年によって暗殺されたことで起きた戦争はまたたくまに欧州全土へと広がった。

そして、副産物として、ドイツと交戦していたロシアでは革命が起きている。ロシア帝国はソビエト連邦（以下、ソ連）となり、ここに世界初の社会主義国家が誕生。その後、共産主義は暴風雨のように荒れ狂い、今も癒しきれない傷跡を世界各地に残したのは周知の通りである。

永田は大正三（一九一四）年八月に帰国を余儀なくされる。ドイツは英・仏・露と敵対しており、イギリスと同盟を結んでいる日本は敵国となるため、とどまるわけにはいかなかった。さらに不運が永田を襲う。帰国が遅れているうちに、母の順子が死去したのだ。かねてから病床に就いていたが、死に目に会うことなく、永遠の別れとなってしまった。

帰国した永田は大正四（一九一五）年六月、教育総監部付・陸軍省俘虜情報局御用係を命じられる。その後は軍事研究のために再び欧州へと発ち、デンマーク、スウェーデンに駐在。大正六（一九一七）年にはまたもや教育総監部付の命を受けて帰国するが、一一月には臨時軍事調査委員となる。

調査委員はその名前のごとく、第一次世界大戦での教訓を生かす目的で大正四年一二月に陸軍省内に設置された。日本はイギリスとの同盟もあり、清国にあるドイツ軍拠点などを攻撃する形で参戦はしていた。しかし、戦争の主たる舞台は欧州大陸であり、使用された兵器や戦略戦術などについては、知るところが少なかった。日本としてはその戦訓を研究することが求められていたのである。

調査委員はエリートコースというわけではないが、永田にとっては間近で見聞した第一次世界大戦を研究する、ちょうど良い機会となった（森靖夫『永田鉄山』）。では、永田はこの戦争をどのように見たのだろうか。

戦争の新しい形態

永田にとって第一次世界大戦の大きな教訓は、戦争が新しい形態である「国家総力戦（以下、総力戦）」に入ったことだった。飛行機、戦車、毒ガスなど、続々と導入された新兵器への関心もあったが、それ以上に戦争の性質そのものを変えてしまった総力戦に、強い関心を持った。

第一次世界大戦はあらゆる点で、それまでの戦争とは異なっていた。軍隊と軍隊が戦うだけではなく、国家のあらゆるものを動員し、遂行しなければならない戦争、それが総力戦である。機械化した戦争は軍隊のみで行なうものではなく、膨大な物資の供給を支えるために国民を総動員しなければならない。言わば、国家の「体力」をどれだけ投入できるかにかかっている。そうなると、戦場と銃後が別々ではなくなり、一般国民の生活にも戦争は直結してくる。戦争の様相は激しく変化したのである。

欧州は曲がりなりにも、この総力戦を経験している。いっぽう、日本は前述のように局部的に参戦しただけで、この新しい戦争の形態を理解しているとは言い難かった。

永田鉄山（欧州駐在時）

デンマーク・コペンハーゲンの下宿にて

（永田家所蔵）

永田は総力戦についていくつかの論考を残しており、彼が来る総力戦にどのように備えようとしたかを知ることができる。そして、永田の遠大な構想は、彼亡き後も紆余曲折を経て後継者たちに受け継がれ、そのまま太平洋戦争へと突入することになる。つまり、昭和陸軍の進む方向を決めた一因が永田の構想にあった。その意義はきわめて大きい。

まずは、「国防に関する欧州戦の教訓」と題する講演から見ていきたい。この講演は大正九（一九二〇）年に中学校の歴史地理教員向けに行なわれたもので、「緒辞」でいかに大規模な範囲で戦争が行なわれたか（参戦国数、参戦兵力、年数、戦費など）について具体的な数字を挙げ、次のように続けている。

その規模の広大なること人類歴史ありてより未だかつてないところである。戦争の規模がかくのごとく大であるから、したがってその教訓も多岐無数であって、ここに標題として挙げた国防上に関する教訓だけでもとうてい枚挙に勝えない次第である。そこで以下述ぶるところは、もとより国防に関する教訓の全部ではなく、またその大部分でもなく、単に一小部分を捕らえたに過ぎないと承知して貰いたい。
（永田鉄山「国防に関する欧州戦の教訓」川田稔編『永田鉄山軍事戦略論集』以下、永田の論考は同書より）

確かに、いくら永田といえども、参戦国数が数十カ国におよぶ大戦争について、そこから得られた教訓すべてを口述することは不可能だろう。それほど巨大なテーマなのである。

なぜドイツは敗れたのか

永田は本論に入る前に「前提」を置いている。すなわち――世の人々は、「軍国主義の権化（ごんげ）」であるドイツが屈服したのは「思想上において覚醒（かくせい）」したためであり、デモクラシーの思想がドイツを「軍国主義の悪夢」から目覚めさせ、これをもって「永久平和」へ歩を進めたものであるとし、また米英の新設軍が精鋭のドイツ軍を撃破したことを理由に、「平時における国防充実主義の無稽（むけい）」を罵倒（ばとう）している――と。

永田はこうした考えを「これらは予輩（よはい）の見（けん）をもってすればいずれも短見浅思（たんけんせんし）、むしろ憫殺（びんさつ）すべきものであると思う」と真っ向から否定する。永田にすれば、こうした考え方は物事の上辺（うわべ）だけ見ているように映（うつ）ったに違いない。

永田は、ドイツが和を求めたのは、一般庶民は単純に「戦争に倦（う）み生活が苦しくなった」からであり、識者は戦勝の望みが絶え、「将来の再起のため」であるとする。

要するに、独逸の屈服はその宿年の計画であった短期決戦が望みどおりに行かなかったときに已にその原因を発し、爾後一九一六年頃から最後の勝利に望みを失って識者は平和克服の必要を悟ったにもかかわらず、彼の当時までの作戦上の成功と彼国民本来の過度の自信と驕慢とは、想い切って講和条件を低下するを欲せず、一方連合国は最後の勝利を確信して生ぬるい条件の講和には耳を傾けずどしどし戦争を続けたため、独逸はいよいよ物資の不足に困み、日一日と屈服の止むを得ざる境地に陥っていったのである。（同右）

そして、ドイツは一発逆転を期して攻勢に出たが、失敗。結果として、どのような条件でもいいから講和を求めた。彼らは、講和によってドイツを救えるとの思いで連合国と交渉したのだ。日本の陸軍は、その発展過程においてドイツ方式を採用しており、自然と親近感のようなものを持っていた。永田の観察には、ややそうした側面もあったのかもしれない。

次に、常時から兵力を蓄（たくわ）えておくのは無駄ではないか、という批判に対して。

永田は英米の新設軍の活躍を認めつつ、イギリス軍については、フランス軍がドイツ軍をよく防いでいる間に軍を整備したからであり、イギリス軍が独力でドイツと戦えるようになったのは、開戦からようやく二年後であると指摘している。

また、アメリカ軍は、歴戦のフランス軍を師として数カ月間訓練を受け、しかも戦闘の発生する可能性が少ない地域に配置された。さらにはアメリカ軍各級司令部にフランス軍士官を参加させて助力し、アメリカ軍の功績とされるものは、フランスが打ち破ったのを追撃したにすぎず、それをアメリカの新聞が誇大に発表したと批判する。

最終的には英米軍は独軍を撃破したが、それについては次のように述べている。

> なぜならば、当時英・米軍は長日月にわたり已に戦場において実戦の訓練を経ておったのであって、戦場一ヵ月は平時の一年にも相当すべく、ことに両国軍は平素損害を避（さ）くることに大いに務めておったため長期歴戦の将卒比較的多く、いまや生兵（せいへい）どころか百戦錬磨の精兵と化しているべきはずであって、これをしも精兵といわずんば何を

か精兵といわんやいいたい位であらねばなかったのと、一方独軍は孤軍力戦のあまり初めの精兵はほとんど尽き、連年悪戦苦闘の結果、ことには一九一八年の数次にわたる大攻撃によって兵員の素質は著しく低下し、かつ国内の疲弊にもとづく国民継戦意思の頽廃や、聯合軍の熾に行ったプロパガンダの影響を受けて士気大に沮喪していったので、むしろ追撃は易々たるものであらねばならなかったからである。

(同右)

永田いわく、戦場で役に立つのは「平時から優良な教育訓練」を受けたか、さもなくば「戦時剣弾雷雨の下」で実戦を積んで精兵となった軍隊のみであり、「急設粗造の軍隊に活動はまったく期待できない」。もちろん、この結論は日本軍を念頭に置いたものにほかならない。

鉄道によりまたは海路米大陸乃至欧州より極東に発遣せらるる対手軍の集中全からざるに先ちこれを撃破し、または欧・米の対手に加盟する隣邦軍を友軍の来著に先て

撃破するというようなことのきわめて緊要な帝国軍にありて、このことは一層然りである。（同右）

この戦い方は、おそらく日露戦争を念頭に置いたものだろう。日本軍は、陸にあっては欧州方面から増援が来る前に、海にあってはバルチック艦隊が来る前に各個撃破した。「敵の体制が整う前に」という戦法を取るには、即座に動ける精兵を常時備えていなければならないわけだ。

日本の未来を予見していた⁉

永田が「平時から優良な教育訓練」を受けた精兵の必要性を強調したのには、わけがある。

第一次世界大戦のあまりの悲惨さに、その原因と考えられた軍国主義が批判され、さらに大正七（一九一八）年のシベリア出兵が、軍への批判を加速させた。それだけではない。ロシア帝国が滅ぶことで、日本の外的脅威はぐっと小さくなった。軍縮ムードは高まり、軍事費が削られたのである。

日本にとって、長らくロシアは脅威だった。遡れば、江戸時代からたびたび接触があり、幕末には危うく対馬を取られるところだった（老中・安藤信正が阻止）。日露戦争に勝っても安心はできなかった。勝ったとはいえ、本国まで攻め込んだわけではなく、薄氷の上を渡るような勝利だったのである。しかし、国民の多くはその実態を知らず、大勝利に酔いしれている。そしてタガが緩んだ。永田にとって、これは危機に見えたに違いない。

永田の言及は多岐にわたるが、注目したいのは飛行機に関するものである。第一次世界大戦中、飛行機の機能や運用は飛躍的な進歩を遂げた。その進歩の様子は「三ヶ月ごとに革新を経る」もので、戦争終結後一年も経たずして大西洋横断飛行を成し遂げている。


かような有様であるから、帝国が他国に宣戦を布告した暁には、その当日からただちに東京大阪はもちろん九州北部の工業地や呉・佐世保の軍港は先もってこれら悪魔の襲来を受ける運命を有つことになったのである。不幸もし日本がかかる立場に立ったとすれば、それは、じつに一大事である。市街は焼かれ、工場も破壊され、隧道や

> 鉄橋も爆破され、動員・輸送・軍需品補給等の軍事行動が著しく沮害されるのみならず、一般人民は家を焼かれ、食需を断たれ、たちまち生存上の大危機に逢着せねばならぬのである。家屋が木造であり隧道橋梁等の術工物の比較的多い帝国はとくに他国に比し甚大の惨禍を覚悟せねばならぬのである。（同右）

この論考が書かれた二五年後、わが国はここにある通りの被害を受け、敗戦を迎える。もちろん昭和一〇（一九三五）年に殺害される永田が日本の敗戦を知るはずもない。これだけ状況が一致するということは、永田の見識はもちろんだが、日本の国情と新兵器の進歩について知識のある者であれば、ある程度は必然の結果として浮かび上がることだったのかもしれない。

飛行機は、遠隔にある内地を戦地と同様の脅威にさらし、さらには戦線の飛躍的拡大をもたらした。戦争の形態を一変させたのである。

第一世界大戦がもたらした教訓はこれらにとどまらない。国際関係は複雑になり、経済は発展し、飛行機をはじめとして交通手段も発達した。

永田いわく、これからもし日本が戦争に参加しなければならないとしたら、「真に国を挙げて抗敵する覚悟が必要」であり、そのために国家総動員体制を作り上げ、日本が投入し得る全力（全資源）を戦争に向けて動員しなければならない。そして、準備の第一として「国防要素の充実」を挙げる。その要素の第一は人口であるが、日本は幸（さいわ）い人口が多い。しかし、問題はその先にある。

遺憾（いかん）ながら他の要素において欠くるところがはなはだ多いのである。そこで帝国国防充実の要は、人口標準に拠（よ）る兵力を考定して、これを最後の目標とし、爾他（じた）の要素をこれと比肩（ひけん）し得しむるごとく上下最大努力をなすにあることと思う。しかして、この努力の要点は物的資源の充実（中略）工業力の助長・科学工芸の促進などであって、この努力の実現に伴って、一歩一歩軍事施設の改良充備に意を用うべきを図（はか）らねばならぬのである。しかしてこの理想の目標点に到着するまでの間は、完全な精兵主義をとり、数の欠を質で補（おぎな）うの考慮が切要（せつよう）なのである。

（同右）

最後に「精兵主義」という言葉を使っているものの、永田のそれはあくまで「時間稼ぎ」的な役割しか持たせていない点に注目したい。けっして「烏合の大軍を少数精鋭で打ち破る」という意味ではない。もちろん、個々の兵士の質が高いに越したことはないし、永田もその点を軽視してはいない。しかし、永田の最終目標は、あくまで人口に見合った兵力とそれに釣り合う物理的な国力の充実にあった。

このように、永田の論考には太平洋戦争で呼号された「精神主義」は見られない。むしろ、日本人が「精神力」をやたらと誇りたがるのをたしなめ、米英のそれを甘く見てはならない、と釘を刺している。

最後に注意すべきは、これら努力の源泉はいうまでもなく国民の体力・精神力・智力にあるのであるが、従来吾人がみずから宇内に誇称していた帝国民の卓越なる精神力なるものも、これを這次戦争において白皙人種の表した精神力に比較し、しかも彼らが戦争の試練によって、いよいよますます無形的価値を増進したことに想到したならば、必ずしも独り誇をもっぱらにし晏如たる能わざるものがあると思う。（同右）

太平洋戦争前夜、日本人がアメリカ人を贅沢に慣れて精神的に強くないと見くびっていたことを考えてみれば、的確な忠告だったと言えよう。こうした点も、「永田がもし生きていれば」という推測を呼ぶ理由ではないだろうか。

総力戦という、具体的数値が重要になる戦争において、悲しいかな帝国陸軍は「大和魂」を武器にして戦うほかなかった。それはもちろん、現場で戦った兵士たちの罪であるはずもなく、指導者が甘受すべき責任である。

永田の戦争観

第一次世界大戦という「新しい戦争」に注目したのは、永田だけではない。大正一四（一九二五）年、時の陸軍大臣・宇垣一成は四個師団の兵力を削減、その費用を軍備の近代化にあてた。人員三万四〇〇〇人、馬六〇〇〇頭が整理された代わりに、戦車隊や飛行連隊などが整備されている。しかし、これによって、宇垣は陸軍の一部から恨みを買った。

いっぽう、永田はその後に軍の中心的人物となり、彼の影響下にあった後輩たちが永田死後の陸軍を担った。しかも、永田死後には「統制派系からは彼にかわるプラン・メイカーは現れなかった」（川田稔『浜口雄幸と永田鉄山』）ことを考えれば、昭和陸軍に与えるインパクトは宇垣の比ではないだろう。

時代はやや下るが、大佐時代に行なわれた在郷軍人向けの講演を文章化した昭和二（一九二七）年の論考には、永田の国防・戦争についての考えが示されている。永田は第一章にて「戦争をなくすことができるか」という問いに「否」と答えている。

戦争間隔の平均年数は、約十二年であって、戦争継続の平均年数は、約一年八ヵ月である、また永久の平和どころか、五十年の平和を、維持した国すらも従来はない。

（永田鉄山「現代国防概論」）

永田がここで算出した数字は一九世紀以降の、列強の主な対外戦争を対象としている。

わが国が戦後七〇年以上平和を維持していることが、いかに稀有な例かよくわかるというものだ。

永田自身は、「永久平和は来りそうにない」と考えていた。もちろん、戦争を廃絶し、平和な世界を作ろうとする考えには大いに賛成し、その運動には「満腔の敬意」を払うとしている。だが、理想と現実は残念ながら別であることも強調している。

唯未だ捉え得ず否捉え得るか否かさえ不明である永久の平和に憧憬して、甚だしきはそれが来りつつあるかのごとく擅に妄断して、いやしくも国防軍備を軽視閑却せんとするがごときは、断じてこれを排撃せねばならぬ。崇高なる祈念、敬虔なる願望への歩々の接近を策するは可なり、しかれども、ために足を現実の大地から離して、必要の施設を忽にすることは断じて許されぬ。（同右）

永田は、平和運動やその考えについて否定していない。しかし、だからと言って、軍人という国防に携わる立場として、「理想」を前提にした考え方はできなかった。防犯の心がけがそうであるように、「もし何かあれば」に備えるのが、軍人であることは言うまでもない。永田の言葉は、戦後の日本国憲法を妄信する人々への警告と思えるほどだ。

いかにして総力戦を戦うか

永田は、次なる戦争は総力戦になると踏んでいた。そのために、第一次世界大戦で欧州各国が行なったように、あらゆる原料や工業製品を統制し、農産物の分配をも含め、すべての産業を国家意思のもとに動かす。これによって軍需品の生産と国民生活の保障を行なう。交通機関もまた国家によって運営され、国民をどの職業に就かせるかも必要に応じて考慮する。科学や工芸、情報や宣伝についても、戦争に対して最大限の貢献ができるように国家が統制運用することを考えていた。

一言にしてこれを蔽えば、全国家社会を挙げて、平時の態勢から戦時の態勢に移し、一国の権内にあるあらゆる有形無形人的物的要素を挙げて、これを組織統合運用し、もって軍の需要を満たすとともに、国家の生存国民の生活を、確保することに最善の

方途を悉したのである。（同右）

第一次世界大戦では一見、戦争とは関係ないように思えるものも動員、使用された。ただ、戦争が始まった当初、各国ともここまで大規模かつ長期になるとは考えていなかった。それは永田の見るところ、準備が「皆無」と呼べるほどであり、実施は「不徹底、不適当」だった。いわゆる泥縄式とでも言えばよいだろうか、戦争をしながら必要な措置を取るような状態だったのだろう。

しかし、なんと言っても欧米列強は一度総動員を行ない、新しい形の戦争を戦っている。この経験の差は大きい。

これら諸国が孜々として総動員の準備計画を進めつつあるの秋、体験のない我が国が、晏如として時を過ごすがごときは、国防上寒心すべきことであると言わねばならぬ。（同右）

永田の関心は、まさしくこの点にあった。来る戦争が総力戦ならば、その経験がない日本はどのように備えればよいのか。

永田は「国家総動員の範囲内容」として、

一　人員の統制按配（あんばい）
二　生産、分配、消費等の調節
三　交通の統制
四　財政ならびに金融に関する措置
五　その他の措置

が必要であるとする。

しかし本事業の前途には幾多の困難が横たわっているように考えられる。この困難に打ち勝ち、広汎（こうはん）多岐なる本事業を完成するには、軍人官吏という限られたる一部局の者がいかに努力しても、その力のみによって成就（じょうじゅ）し得ざることは明らかであって、必ずや官民上下左右各方面の者が一心一体となり、不断の努力を傾けねばならず、か

くしてはじめて現代国防の目的を遂げ得べきであると信ずる。（同右）

要するに、国家全般の事柄を統治機構によって統制する。それは、いかに効率よく、的確に按配できるかがカギとなる。国家を機械が詰まった巨大な工場とすれば、必要な時にスイッチを押せば歯車が嚙み合い、全体が稼働するようなイメージだろうか。それぞれが勝手に動き出すのではなく、国家全体が相連携して機能的に活動する必要がある。まさしく、総力戦である。

バーデン・バーデンの盟約

戦争不可避、そしてその戦争は総力戦になるだろうという予想（というより信念に近い）を立てた永田は、今（第一次世界大戦後）のままの陸軍では対応できないと考えた。そこで、志を同じくする友人たちと会合を開く。のちに「バーデン・バーデンの盟約」として有名になる、この会合こそ、昭和陸軍の運命を左右するものだった。

バーデン・バーデンはドイツ南部にある保養地である。ここに少壮軍人が集まったのは大正一〇（一九二二）年一〇月二七日のこと。メンバーはスイス公使館付武官の永田鉄山、ソ連駐在を命ぜられてしばしベルリンに逗留していた小畑敏四郎、そして臨時軍事調査委員として欧州へ来ていた岡村寧次の陸士（士官学校）同期の三人。全員が少佐である。この日の会合については、岡村の日記が残っている。

> 七時すぎ小畑と共に出て伯林発。途中囲碁をなしつつ午後一〇時五〇分バーデン・バーデン着。永田と固き握手をなし三名共第一流ホテルステファニーに投宿快談一時に及び隣客より小言を言われて就寝す。
>
> （舩木繁『支那派遣軍総司令官岡村寧次大将』）

岡村寧次

明治17（1884）～昭和41（1966）年。士官学校16期、陸大25期。関東軍参謀副長、第2師団長等を経て陸軍大将。終戦時は支那派遣軍総司令官。写真は陸軍大佐時　（共同通信社提供）

具体的に何の話をしたのかは記載されていないが、日付が変わって隣部屋の客から小言を言われるほどであるから、よほど熱の入った会談だったのだろう。

一般的には、この時三人は軍の改革を誓い、陸軍における長州閥の排除を目標にしたとされる。薩摩藩と共に明治維新を成し遂げた長州藩は、陸軍建軍に携わり、大きな勢力を持っていた。永田、小畑、岡村はいずれも長州閥に属していない（後述）。自分たちが芽を出すためにも、明治以来陸軍を支配する長州閥を倒そうとしたというのである。

この会合については、高宮太平の『軍国太平記』によって広く世に知られることになったのだが、高宮は同書において――永田はあくまでも自分の才覚ひとつで生き抜いていく自信があり、当初は小畑、岡村の長州閥打倒の意見に賛成していなかった。しかし彼らの話を聞いているうちにこれは自分たちが栄達したいがためではなく、「窒息しそうになっている陸軍に大きな窓を開け」ようとしているのが判ったので賛成した――と記している（高宮『軍国太平記』）。

三人のなかで、話の内容を多少なりとも明かしているのは岡村寧次だけである。戦後の回想だが、政治学者・中村菊男との対談で、当時何を話したかについて触れている。

陸軍の革新ということを三人で考えたんです。その時は本気になりました。その革新という意味は、正直にいって、第一は人事がそのころは閥なんですね。一種の長州閥で専断の人事をやってるのと、もう一つは軍が統帥権によって、国民と離れておった。これを国民とともにという方向に変えなければいかん、三人で決心してやろうといったことは事実です。

（中村菊男編『昭和陸軍秘史』）

「革新」という部分は、岡村の話だけではわかりにくい。終戦時に大本営参謀だった稲葉正夫によれば、これは「軍制改革」（総動員体制の確立、軍備改善）についてのものだという（『秘録　永田鉄山』）。

しかし、防衛大学校名誉教授の戸部良一からは「盟約といえるほどのものが取り決められたのか」という疑問を呈されており、また長州閥も大正に入ってからは言われるほどの勢力ではなくなっていたと言及している（戸部良一『日本の近代9　逆説の軍隊』）。

当時すでに長州閥というものは影響力を失っており、イメージとして「長閥専横」が人々の頭に残っていた。「それがいかにわずかであっても、むしろわずかであるがゆえに、反撥を買いやすかったのだろう」（同右）。筆者も、この見解に賛同する。

また、同志社大学准教授の森靖夫は、永田には長州閥を打倒する必要性がなかったと指摘する。永田は長州閥の領袖・田中義一の覚えもめでたく、冷遇されていたわけではなく、「おそらく『長閥打破』という目標は長州閥に縁故のない岡村か小畑が、反長閥の一般的空気を背景として仲間内で最有望株の永田に働きかけたのではないだろうか」（森『永田鉄山』）。

小畑の父は土佐藩出身で、維新の功績で男爵を授けられたとはいえ、薩長二藩に比べると傍流の趣があった。岡村の父は幕府の旗本である。薩長の敵方であり、反感もその分強かったかもしれない。

そもそも長州閥が勢い盛んであれば、団結して反長閥打倒など考えもしなかったのではないか。自分たちの企図がどこから漏れるかもわからず、団結して運動など危険きわまりない。このような話が出ること自体、長閥衰退の表われであり、長閥の「残滓」（戸部『日本の近代9 逆説の軍隊』）が余計に反感を買ったのだろう。

ただし、森は総力戦体制確立については「永田が主張したとみて間違いないだろう」と見ている（森『永田鉄山』）。実際に会合以降、東条英機、山下奉文、石原莞爾、武藤章などがグループ・一夕会に参加し、本格的に陸軍改革に乗り出していく。

一夕会はやがて皇道派と統制派（第四章で詳述）に分裂し、流血をともなう抗争を始めることになる。その一連の流れのなかに永田の生死があり、結果として日本の運命が決められたのである。

三月事件① クーデター計画

その後の永田は陸大教官、軍務局軍事課高級課員、整備局動員課長、歩兵第三連隊長を経て、軍務局軍事課長となる。軍事課長は、軍の政治面を担う軍務局のなかでも重要な位置を占めていたが、ここで永田は思わぬ事件に巻き込まれる。それが、「三月事件」である。三月事件は永田の死の要因の一つにもなっているため、すこし詳しく見てみたい。

当時、軍内部には永田らの一夕会のほかに、桜会があった。主宰者は、橋本欣五郎中佐。橋本は一風変わった人物で、この後もさまざまな問題を引き起こして大佐の時に軍を去り、政治家に転身している。

永田が軍事課長に就任したのが昭和五（一九三〇）年八月、桜会の結成は同年九月である。桜会は、当時山積していた国内問題を解決すべく、国家改造を目指していた（当時の諸問題については後述）。その設立趣意書では、政党の腐敗や国民の困窮、堕落した文化の蔓延などを嘆き、国家の危機と一刻も早い対策を叫び、次のように結んでいる。

> 以上の内治外交上の行詰は、政党者流が私利私欲の外、一片奉公の大計なきに由来するものにして、国民は吾人と共に真実大衆に根幹を置き、真に天皇を中心とする活気あり、明かなるべき国政の現出を渇望しつつあり、吾人固より軍人にして直接国政に参画すべき性質に非ずと雖も、皎々たる奉公の至誠は折に触れ、時に臨みて、其の精神を現はし、為政者の革正、国政の伸展に資するを得べし。吾人茲に相会して国政の衰運を慨し、自ら顧みて武人の操守を戒むる所以も、此の埒外に出づるものにあらざるなり。
>
> （「桜会設立趣意書」高宮『軍国太平記』）

設立趣意書では、「直接国政に参画すべき性質に非ずと雖も」と、軍人であるから政治参加の意思はないとしつつ、やむを得ない場合にはその限りではない、という含みを持たせている。これはもちろん、「やむを得ない場合」に力点があり、だからこそ、桜会が結成されたと言えるだろう。

永田鉄山（陸軍大佐）

軍事課長時　（永田家所蔵）

事実、彼らはクーデターを計画していた。当時の陸相は宇垣一成で、いわゆる宇垣派を率いて軍内に大きな影響力を振るっていた。橋本らはこの宇垣を担ぎ、クーデターを計画したのである。この計画には民間右翼の大川周明も参加予定だった。決行の予定が三月一八日だったため「三月事件」と呼ばれる。

計画そのものは、杜撰としか言いようがない。まず、東京各地で擬砲弾による騒擾を起こして混乱させる。次に、大衆一万人を動員して議会を包囲。軍も出動し、戒厳令を布告して宇垣に大命降下させる、というものだった。

しかし、宇垣の変心で計画が露見し、橋本らは拘束されることになった。拘束と言っても名ばかりのもので、厳罰に処されるようなことはなく、事件は闇に葬られた。

問題は、この事件との永田のかかわりである。当時の軍務局長は小磯国昭（のちに首相）で、彼も事件に関与していた。高宮太平は後年、小磯から聞いたとして、当時の永田と三月事件の関係を書き残している。そのなかで小磯は、三月事件で一番気の毒をしたのは永田であり、永田は事件に反対していた、と証言している。

永田は、小磯に次のように述べたという。


中、南米あたりの常習的な革命騒ぎなら、面白いともいえましょうが、日本で、しかも軍が中心になって、クーデターをやるなど、成就もしませんし、たとえ一時成功してもすぐ壊れます。軍が壊れます。自分はそういうことは断じて同意するわけには参りません。実は先ごろから、何か変な噂が立っておりますので、一度局長に伺ってみようかと思っていましたが、どうも局長も御関係のような話も聞くし、まさかと思って黙っていたのです。
(高宮『軍国太平記』)

まずいと思った小磯は、永田に具体案を書いてくれと頼み、それがだめならあきらめ

小磯国昭

明治13(1880)～昭和25(1950)年。士官学校12期、陸大22期。昭和19(1944)年に首相就任。東京裁判でA級戦犯・終身刑となるも、服役中に病死。写真は昭和20(1945)年3月、帝国議会・貴族院での演説時

(朝日新聞社提供)

る、と説得する。それでも固辞する永田に強いて頼み込み、ようやく「小説でも書くつもりで」との返事を得た。

二、三日経って、局長、小説を書きましたと持ってきたのを見ると、いい案だ、これで研究してみようというと、立案者の永田が、これはここにこういう欠陥がある。ここにこういう支障があると指摘する。考えてみれば成程そうだ。それなら、そこを補う方法はないかというと、ないという。まあ暫く預かっておこうと、何日か自分の机のひき出しに入れておいた。（同右）

この記述通りとすれば、永田は頼まれてしかたなく書いただけで、首謀者ではない。ところが、小磯はこれを返却する時に未練があったらしく、永田には破棄しないように頼み、永田はそれをそのまま軍事課長専用の金庫にしまい、忘れてしまったという。

三月事件②　小磯国昭の告白

小磯は終戦後、A級戦犯として巣鴨プリズンに服役中に病死している。『葛山鴻爪』は小磯自身による自伝で、九〇〇ページを超える浩瀚な書である。三月事件についてもページが割かれている。それによれば、二月のある日、小磯の自宅に大川周明が訪ねてきた。大川は、クーデターの計画について陸相の宇垣に面会を求めていたので、これに関して軍務局長の小磯に取次を頼んでいたのである。

「陸相へ面会の件は先づ建策案の筆記提出を受け、それを拝見した上で確答するということです。就いては至急其の筆記ものを私の手許迄持って来て下さい」と伝達した。

（小磯国昭自叙伝刊行会編『葛山鴻爪』）

大川はこれを受けて二、三日後再び小磯の家を訪れると、「予ねて要求せられたものを持参しました」と言って、半紙二枚に毛筆で書かれた計画書を提出した。小磯によれば、これは各項目二、三行の「杜撰且つ簡単なもの」だった。

小磯は大川にその杜撰な点を指摘し、各項目の関連性や必要性などを大川に質問しながら自ら鉛筆書きで記していった。しかし、大川の言うことに不信感を持った小磯は、この日は返事を保留し、宇垣への取次はうやむやとなって終わった。そして、とてもではないが、このまま大臣に提出することはできないと考え、永田に意見を求めた。

永田課長は「その事は薄々耳にしていましたが、私はそんな非合法的処置には元々反対の意見を持っているのです」というから、「大川の考の適当でないことに就いては私も全然同意見だが、其の事の可否は別問題として、此の鉛筆で記した聴取書は大川から陸相に対し建策しようとするものなのだ。一応聴き取りの儘書いてはみたが、考えが非合法で児戯に類しているばかりではなく、各事項相互に関連性も少く首尾一貫性が欠けているので、取次がねばならぬ私が子供の使でもあるような感じがするのだ。課長、一度読んで見て私の感じが妥当かどうか意見を聞かして貰いたい」というたら「困りましたな」とは言ったが自室に持って行った。

（同右）

翌日、永田に聞いてみると「いやあ、矢張（やはり）意見を書かねばならないのですか」と言う。小磯は永田が勘違いしていると思い、そうではなく、首尾一貫性があるかどうかを聞かせてほしいが、一応このまま宇垣に持っていくと言い、大川からの聞き取りをそのまま提出することになった。

　ところが、永田はその日の午後改めて自分の意見書を提出した。小磯は、永田が「何か勘違いしたものと見え」た、と記述している。小磯は一応これを参考のために受理し、保管しておいた。これが、のちに皇道派の山岡重厚（やまおかしげあつ）軍務局長の時に見つかり、彼らの手に渡ったという。

　高宮の記述と細かな違いはあるが、永田が非合法な行為を否定したこと、小磯に意見を聞かせてほしいと頼まれたことなど、基本的構造は一致している。小磯の自伝は、高宮の『軍国太平記』の初版より後に出たものであるから、高宮がこれを参考にして書いたということはないだろう。

　小磯は、永田が勘違いして自分の意見書を書いたとしているが、これは自己弁護と見れなくもない。また、小磯はこの意見書が見つかって怪文書が飛ばされたことを述べ、「永田課長こそいい迷惑をしたものだと言わねばならぬ」としている通り、自分の責任も感じていたのではないか。高宮の著書と比べて「永田の勘違い」という点が強調されているのは、その負い目ではないかと思われる。

こうして見ると、高宮の著書は偏見もあるものの、彼自身が経験した事実については概ね正確と見てよいだろう。手記や回顧録はどうしても自己弁護、または立場による偏りなどを免れず、他の資料と対応させなければ危険である。

三月事件③ 永田の計画書

この計画書は実物が残されており、菅原裕の『相沢中佐事件の真相』には写真つきで全文が掲載されている。その冒頭にある「陸相拝謁要綱（宇垣内閣招来の為の）」によれば、計画は、陸軍大臣が天皇への上奏を必要とする口実を設けることから始まる。永田が「例えば」として挙げるのは、人事局長に将官人事についての案を作成させる、というものである。

次に、補任課長から侍従武官（軍人）を通じて、拝謁を願い出る。通常、拝謁は侍従を通さなければならないが、帷幄上奏権（内閣を経ずして天皇に直接上奏すること。陸海軍大臣、陸軍参謀総長、海軍軍令部長などに認められていた）を用いる。もし侍従が宮内大臣と連携して阻止するようであれば、侍従武官を動かして妨害する。上奏の場合は侍従武官長が立ち会うことになるが、侍従武官長にはあらかじめ、その旨を含めておく。

以上は、陸軍大臣が天皇に拝謁する方策であり、特別問題はなさそうだ。せいぜい、侍従が邪魔をした時に侍従武官長を動かしてこれを阻止する、あたりが強引と言えば強引だろうか。永田は有能な軍事官僚らしく、実に制度をうまく利用している。

続けて「内閣更迭（正常の方法に依る宇垣内閣成立の場合）」として、具体的な宇垣内閣組閣の方策が展開されている。まずは総理もしくはその代理より全閣僚の辞表を捧呈し、そこで「引き続き政務を執るべき」旨の御沙汰を受ける。そして宇垣陸相に大命降下がなされ、組閣するというものだ。次に「総理辞職の場合」が続いている。

一、総理辞職の場合

先例　原総理遭難──高橋是清大命拝受

加藤総理薨去――若槻礼次郎同右

雁首の交換は国家の為にも宇垣陸相の為にも不利なるを以て総理単独辞職は極力之を阻止し総辞職に導くを要するも万一陸相民政党内閣の首班に列せんとする場合の組閣手順左の如し

1　宇垣陸相に後織内閣総理の大命降下

2　宇垣陸相辞表捧呈――総理又は首相代理より後任陸相奉薦

3　新陸相親任――新陸相より宇垣大将の転役内奏及上奏

4　大命拝受

備考　1　宇垣大将転役の手続は宇垣陸相辞表提出と同時に行うも可

2　右列記の手順中2、3は同時に処理せらるゝこととす

合法的時局転回方策

一、出兵を要する事態発生せば陸相は臨時閣議を要請し引責総辞職を行わしむ

衆議聴従せざる場合陸相は断乎辞表を呈出し闕下に伏奏し総辞職の已むなきに至

らしむ

二、陸相西園寺元老に面接し超然内閣の要を説き其の首班に平沼騏一郎を推挙す
要すれば事前に原田を介し旨を通す

三、西園寺聴従せざるに於ては陸相は直に参内闕下に右の旨を伏奏す

四、陸相に時局収拾の大命降下の場合は謹で御承けを為す

五、平沼又は宇垣内閣の閣臣並政綱別紙の如し

六、内閣成立と同時に宮内大臣の更迭を奏請す

七、議会解散

事成らざる場合陸相は軍職を退き専ら在郷軍人及青年統率の任に就き別途国運転回策の歩武を進む

（菅原『相沢中佐事件の真相』）

永田が言う、この「小説」を最後まで読んでも、違法性はなく、過激性もない。ましてや、武力行使に触れているわけでもない。

十月事件

昭和六（一九三一）年四月一四日、若槻礼次郎による民政党内閣が成立した（第二次若槻内閣）。前任者の浜口雄幸は、ロンドン海軍軍縮条約にかかわる統帥権干犯問題（後述）や不況への不満を持った右翼に襲撃され、その傷が悪化したことで総辞職していた（のちに死亡）。

そのため、内閣はほとんど同じ顔ぶれで、陸軍大臣が宇垣から南次郎に代わっただけだった。永田は引き続き軍事課長だったが、またしても「十月事件」というクーデター騒ぎが起こる。首謀者は三月事件と同じく橋本欣五郎らで、皇道派のリーダー・荒木貞夫を担ぐ計画だった。

十月事件は三月事件に比べ、大規模な武力使用をともなっていた。具体的には、政財界の要人を殺害し、都内の要所を占拠して一挙に政権を奪う。使用兵力は約一八〇〇人、航空部隊まで出動する予定だった。実行されていれば、のちの二・二六事件をはるかに上回っただろう。

以下のような、閣僚名簿までできていた（カッコ内は当時の肩書）。首相・荒木貞夫（教

育総監部本部長)、蔵相・大川周明(民間右翼)、内相・橋本欣五郎(陸大教官)、外相・建川美次(参謀本部第一部長)、海相・小林省三郎(霞ヶ浦海軍航空隊司令)、警視総監・長勇(参謀本部部員)。

しかし結局、一〇月一七日に首謀者が検束され、事件はまたしても未然に防がれた。発覚の原因の一つが、橋本らが明治維新の志士を気取って豪遊したことである。かなり脇が甘かったようだ。この時は、彼らが推戴しようとしていた荒木が説得を試みたが、説得に応じようとせず、やむを得ず南陸相の指示で検束されることになった。

では、十月事件に対する永田の態度はどうであったか。

三月事件については、賛成はしないものの積極的な反対行動も起こさなかった永田であるが、今度は明確に反対。はっきり「不可」とした。

この時、永田に十月事件の情報をもたらしたのが、参謀本部作戦課長の今村均だった。今村は計画の概要について、永田や編成課長の東条英機に説明し、自分の意見として「憲兵隊に拘束し、しばらく行動の自由を許さないことが必要と思う」と述べている。これに対して永田は、それがいいだろう。事は急を要する。省部の部局長に集まって貰い、われわれの意見の採択を請うことにしよう。

（今村均『私記・一軍人六十年の哀歓』）

と、今村の意見に賛成している。事件については次のように嘆じていた。

たとえこころざしは諒とされても、こんな案で、大事を決行しようと考えた頭脳の幼稚さは、驚き入る。未然にくつがえしたことはよかった。

（同右）

すこし後になるが、永田は木戸幸一（のちに内大臣）に次のように述べている。

是が処罰に就ては、上官よりの説諭により其の大部分は自己の非を悟り反省するに至りし故、本来は陸軍刑法により処断せらるべきものなるも其の動機精神に鑑み、且つ国軍の威信等を考慮し、行政処分にて済ませたるものなり。

（木戸幸一『木戸幸一日記 上巻』）

この「上官よりの説諭」が曲者で、その処分は中心人物の橋本ですら、重謹慎三〇日にすぎなかった。しかも、処分が決まるまでの検束期間は朝から酒が出る始末で、まるでお客様待遇である。

軍は威信の失墜を恐れて事件を隠蔽したが、永田はきっちりと処分を下したかったようだ。その信憑性に多少の疑問符もつくが、永田が、満州事変中でもあるから戦時法規を適用してただちに銃殺すべし、と述べたとする資料もある。いずれにせよ、永田は厳格な対処を望んだようだ。

この処分からもわかるように、当時、陸軍の統制はゆるんでいた。統制以前に、上が下を抑える力がなくなっていたのだろう。「軍人勅諭」にもある通り、政治にかかわってはならない軍人が、平然と国家の改造を談じること自体、大問題である。永田が厳しい処分を望んだ背景にも、こうした統制のゆるみを締め直す意図があったのかもしれない。のちに触れるが、軍の統制を回復させることに、永田は心血を注いだ。

二つのクーデター未遂事件に対する永田の厳正な態度は、彼が「統制を乱す」行為を嫌っていたことを示している。しかし、永田の願いは叶わず、下克上の風潮は軍内に広まっていった。

陸軍省軍務局

永田は昭和七（一九三二）年四月、参謀本部第二部長となる。第二部は情報を扱う部署だが、参謀本部内では、作戦を担当する第一部の格下扱いだった。

同年一月、中国大陸で第一次上海事変が勃発する。上海は国際都市として各国の利権と大きくかかわっており、そのため排外運動も多く、抗日運動も盛んだった。国民政府の総統・蔣介石は日本とのいたずらな衝突を好まなかったが、現地にはその統制は行き届いていなかったようだ。

現地の日本軍は苦戦を強いられたため、白川義則大将を長とする上海派遣軍が送られた。派遣軍は形勢を逆転すると、白川は周囲の反対を押し切って戦闘行為を停止。事前に昭和天皇から戦線拡大を心配する気持ちを聞かされた白川による、勇気ある決断だった。

中国の視察

参謀本部第2部長、陸軍少将時の昭和7(1932)年11月、中国・済南にて(左から2人目)　(永田家所蔵)

しかし、白川は天長節記念式典の場で、朝鮮独立を目指すテロリストの投げた爆弾により負傷し、亡くなってしまう。同じ場所で負傷した人物に野村吉三郎（海軍大将、のちに駐米大使）や重光葵（のちに外務大臣）がいる。

この白川らへの見舞いとして、閑院宮載仁親王参謀総長や荒木陸相の代理として上海に派遣されたのが永田だった。

永田はその後、歩兵第一旅団長を経て軍務局長になるが、注目すべきは、経歴における陸軍省勤務の多さである。連隊長、第二部長、旅団長以外はすべて陸軍省勤務、しかも軍務局勤務が長い。陸軍省は編成、兵器、人事など軍政をつかさどる機関であり（軍令をつかさどるのは参謀本部）、陸軍大臣は内閣の一員として政治にかかわる。次官もいるが、幕僚として大臣を直接支えるのは軍務局長である。

軍務局は陸軍の政治的役割を担う中心組織であり、国民が「軍部」とイメージする中核をなしていた。それは「戦争推進の中枢」とも呼ぶべき国家機関だったのである（上法快男『陸軍省軍務局』）。そして、職務の性格から、陸軍内はもちろん、軍外の部局と折衝することも多かった。バランス感覚に優れた永田は適任であろう。

このように、主に軍政方面を歩んだ永田に対し、同期の小畑敏四郎は作戦畑で才能を認められた。永田が陸軍省動員課長に任命された大正一五（一九二六）年、小畑は参謀本部作戦課長に就任している。陸軍省の中枢は軍務局であれば、参謀本部の中心は第一部であり、なかでも作戦課の存在は大きかった。両者はそれぞれの才能を生かし、存在感を放っていたのである。

永田と小畑を並べて、「前者は『軍政』の第一人者であり、後者は『統帥』の権威である」と評するのは東京日日新聞（現・毎日新聞）の陸軍省詰め記者だった石橋恒喜である（石橋『昭和の反乱　上巻』）。

荒木貞夫も「こと作戦に関しては、陸軍広しといっても小畑の右に出るものはない」と激賞していたという（同右）。当時を知る人から見ても、この二人は軍を代表する逸材だったことがよくわかる。

日本を変えた、木曜会の方針

ここで時間をすこし巻き戻してみよう。永田、小畑、岡村の三人はバーデン・バーデンから帰国後、具体的な運動を始めた。彼らは昭和二（一九二七）年に志を同じくするメンバーと会合を重ね、二葉会（双葉会とも）を結成した。陸士一五〜一八期を中心に、河本大作（一五期）、板垣征四郎（一六期）、東条英機（一七期）、山下奉文（一八期）など、のちの昭和陸軍を担う錚々たるメンバーが集った。

二葉会では満蒙、すなわち満州（現・中国東北部）と内蒙古（現・内モンゴル自治区）の問題が意識されるようになる。

この動きに影響を受けた鈴木貞一（二二期）は木曜会を結成、国防方針などについて議論している。木曜会は、永田らより年下の将校が中心だが、永田と岡村もわずかながら関与し、また東条も参加している。

昭和三（一九二八）年三月、木曜会の会合において重要な決定があった。満蒙に独立した政治権力を確立する、すなわち領有する方針――である。陸軍中央の軍人たちの間で満蒙領有方針がはっきりと打ち出されたのは、これがはじめてだった（川田稔『昭和陸軍全史１』）。

満蒙領有の理由としては、日本民族生存のため、人口問題解決のため、ということだが、ここに満州事変へのレールが敷かれることになった。木曜会には、満州事変の首謀者・石原莞爾も参加していた。

そして、二葉会と木曜会が合流してできたのが一夕会である。ここから、昭和陸軍は大きく動いていくのである。

陸軍の派閥の流れ

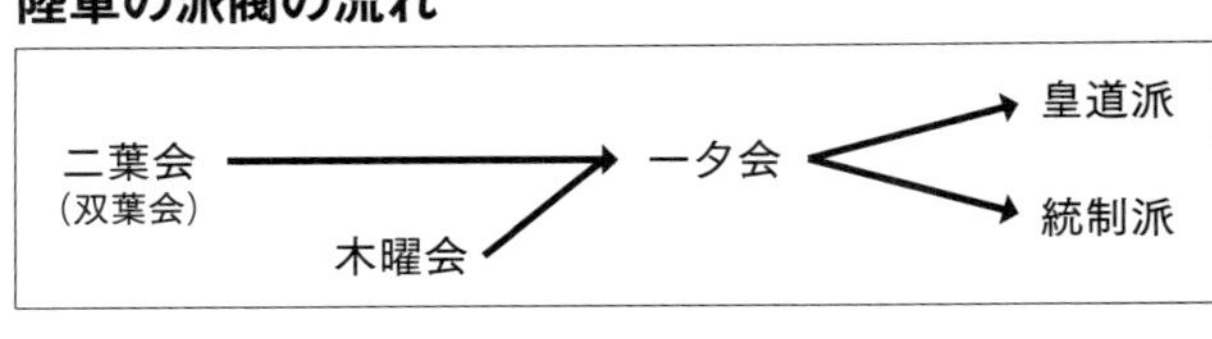

一夕会

一夕会ができたのは昭和四（一九二九）年五月一九日のことである。その第一回会合に集まったのは、次のメンバーだった。

> 午後六時、富士見軒にて中少佐級正義の士の第一回参集に列席す。予等の同人にて予の外永田、東條、松村参加し、一夕会と命名す。この日の来集者、吉田〔悳、20期〕草場〔辰巳、20期〕沼田〔多稼蔵、24期〕根本〔博、23期〕土橋〔勇逸、24期〕北野〔憲造、22期〕下山〔琢磨、25期〕武藤〔章、25期〕清水〔規矩、23期〕等なり。
>
> （舩木『支那派遣軍総司令官　岡村寧次大将』）

岡村寧次が「正義の士」と記すあたり、その抱負のほどがうかがえるというものだろう。一夕会では総力戦や満蒙問題への対応、長州閥に連なる宇垣閥の打倒などが目標として掲げられ、そのために荒木貞夫、真崎甚三郎、林銑十郎ら非長州系の将軍を守り立てていくことが決定された。

これ以前、昭和三（一九二八）年一〇月には、メンバーのひとりである石原莞爾が関東軍作戦主任参謀に、翌年五月には板垣征四郎が同高級参謀になっている。この二人が主導して起こしたのが、満州事変である。

ここで注目すべきは、永田の動向である。永田が目指す、総力戦を戦うことができる体制を築くには、膨大な量の物資が必要となる。ところが、日本の内地には資源と呼べるものが少なく、大きな弱点となっていた。代用品の研究開発などでその不足を埋めるのは必要だが、他の手段として、国外に資源を求めることも考慮しなければならなかった。

永田は昭和二（一九二七）年の論考において「国外資源利用の研究準備を整えること、具体的に申しますと、満蒙支那資源の利用についての研究、これがきわめて必要のように思います」と述べている（永田鉄山「国家総動員」）。彼は「資源確保」の観点から満蒙に注目していたのである。

名古屋大学名誉教授の川田稔は、満州事変は現地が暴走して中央を引きずったのではなく、石原や板垣に呼応して、永田ら中央部の幕僚（永田はこの時軍務局軍事課長）が軍を動かした、という見解を示している（川田稔『昭和陸軍の軌跡』）。
しかし、筆者はこれについて別の見解を持っており、満州事変について、その発生からすこし詳しく触れていきたい。

石原莞爾の満州領有論

昭和六（一九三一）年九月一八日午後一〇時頃、満鉄本線奉天（ほうてん）駅（現・瀋陽（しんよう）駅）から約

石原莞爾

明治22(1889)～昭和24(1949)年。士官学校21期、陸大30期。関東軍作戦主任参謀時に満州事変を主導。著書に『最終戦争論』など。写真は第16師団長、陸軍中将時

（鶴岡市郷土資料館提供）

八キロ地点（柳条湖）の線路が、何者かによって爆破された。関東軍はこれを近くの北大営に駐屯している張学良軍の仕業であるとして、攻撃を開始した。

しかし、これは関東軍作戦主任参謀・石原莞爾中佐を中核とした、関東軍参謀らによる謀略だった。彼らは自らの手で満鉄を爆破し、それを中国軍によるものとして満州占領の口実を作ったのである。いわゆる柳条湖事件である。

石原は同年五月、すでに満州占領についての私見をまとめている。満蒙を「政治的価値」と「経済的価値」の観点から分け、「政治的価値」はソ連の脅威を防ぎ、また朝鮮統治を円滑に行なうため。「経済的価値」はわが国の食料事情の救済、鉄や石炭による重工業の発達、また満蒙の地で新しい事業を開始することで失業者を救える、などとしている。

そして、「満蒙問題の解決」とする項目では、

単なる経済的発展も老獪極まりなき支那政治業者の下には遂に今日以上多くを期待し難きは二十五年歴史の明示する処殊に露国に対する東洋の保護者として国防を安定

せしむる為満蒙問題の解決策は満蒙を我領土とする以外絶対に途なきことを肝銘するを要す。

（石原莞爾「満蒙問題私見」角田順編『石原莞爾資料（増補）国防論策篇』以下、石原の論考は同書より）

と、非常に強い調子で満州の領有を主張している。石原は、満州の「三千万民衆」を救うのは日本の使命であり、また日本による満蒙統治は中国の統一気運を刺激するだろう、と述べている（同右）。

石原の見解は功利的なだけではなく、理想主義的側面も持ち合わせている。それもそのはずで、のちに『最終戦争論』などを著す石原は、日蓮信仰と戦史研究から得た一種宗教的な戦争絶滅論の唱道者だった。戦略家であると同時に思想家でもあったのである。

こうした石原の態度に対して、中央の永田（軍事課長）は、どのような意見を持っていたのだろうか。

陸軍中央の慎重論

昭和六（一九三一）年六月一一日、五課長会が設置される。これは、陸軍省の対中国政策を検討するためのもので、メンバーは永田軍事課長、岡村寧次補任課長、参謀本部から山脇正隆（やまわきまさたか）編成課長、渡久雄（わたりひさお）欧米課長、重藤千秋（しげとうちあき）支那課長で、参謀本部第一部長の建川美次が委員長となった。同月一九日、「満洲問題解決方策の大綱」を決定した。全八項目のうち最初の二項目を挙げてみよう。

一、満洲に於（お）ける張学良政権の排日方針の緩和については、外務当局と緊密に連絡の上、その実現につとめ、関東軍の行動を慎重ならしめることについては、陸軍中央として遺憾なきよう指導につとめる。

一、右の努力にもかかわらず排日行動の発展を見ることになれば、遂（つい）に軍事行動の已（や）むなきに到ることがあるだろう。

（小林龍夫・島田俊彦編『現代史資料(7) 満洲事変』）

満州での実力行使についてはかなり慎重である。何よりも張学良政権の排日政策を放棄させることが優先され、しかも外務省と緊密な連絡を取ろうとしている。それでだめなら軍事行動となるが、ここでも「已むなきに到ることがあるだろう」と消極的で、断乎たる決意を示しているわけではない。

続けて、「大綱」は満州問題の解決には国内外の理解を得ることが必須である旨や、国民、特に新聞（マスコミ）に、満州の実情を軍務局主導で知らせることなどを記している。また、関係各国に対しては満州での排日行為の実情を詳しく周知させ、万が一軍事行動に出る時も、日本側の行動がやむを得ないと理解させ、邪魔をさせないようにするとしている（同右）。慎重にも慎重を期している様がうかがえる。最後の二項目には、次のような記述がある。

一、内外の理解を求むるための施策は、約一ヶ年即ち来年春迄を期間とし、之が実施の周到を期する。

一、関東軍首脳部に、中央の方針意図を熟知させ、来る一年間は隠忍自重の上、排日行動から生ずる紛争にまきこまれることを避け、万一に紛争が生じた時は、局部的に処置することに留め、範囲を拡大せしめないことに努めさせる。（同右）

ここにおいて、仮に軍事行動に訴えるとしても、来年の春としていることからも、少なくとも石原らが企図した早急な行動は望んでいなかったことがわかる。さらに、行動を起こした後も慎重を期し、極力狭い範囲でとどめることを明言している。これが永田の意思であることは言うまでもないだろう。というより、永田が中心人物だったのではないだろうか。

こうした中央と現地の対立において考察すべきなのが、「大綱」決定四日後に起きた、中村大尉事件である。

中村大尉事件

中村震太郎大尉は、参謀本部作戦課兵站班員だった。中村は井杉延太郎予備曹長らと共に満州北西部で地誌調査を行なっていたが、その最中に行方不明となる。そして、昭和六

（一九三二）年六月二七日、一行は中国軍に射殺された。

これについて、石原が永田に送った書簡が残っている（八月一二日付）。それによると、軍人が中国内地を旅行するのは何の問題もない、たとえ軍事視察であっても中国の法律に違反しなければ文句を言われる筋合いはない、と述べた後、次のように、軍中央の対応を非難している。

斯の如きことは勿論十分御承知の事と存するも今日迄中央部（軍事課と申すにあらず）の処置につき生等に疑問を懐かしむること再三ありしを以て婆心を以て申述べたる次第なり。

（石原莞爾「永田大佐宛書簡」）

軍事課長の永田に配慮してか「軍事課ではない」とわざわざ断わっているが、逆に皮肉のように読めなくもない。少なくとも、軍中央の処置に不満を抱いていることがわかる。さらに石原は、陸軍が直接中国側と交渉にあたる必要性を強調し、「苟も我等事に当る以上武力使用の決心を蔵するを要するは論を俟たず」とまで述べている。さらには、如何に無謀なる関東軍司令部と雖独乙の山東に於ける如く中村事件を以て直接に満蒙占領の口実となさんとするものにあらず。其の辺はご安心を乞う。（同右）

とまで書き添えている。

これは、軍中央は関東軍が軍事行動を起こさないか危険視しており、関東軍側も疑われていることを知っていることを示している。石原が永田にあてた書簡で言及しているということは、永田が特に関東軍の動向を注視していたことを示すのではないだろうか。

ちなみに、「独乙の山東に於ける」とは、鉅野事件を指している。明治三〇（一八九七）年、中国の山東省鉅野県においてドイツ人神父二人が殺害された。これを口実にドイツは出兵し、膠州湾を占領。結果、同地の租借や賠償金を得ている。

書簡の後半で、石原は「有能なる中央当局」でも第一線の事情については細部までわからないのはしかたのないことである、現場のことは現場に任せてほしいが、もし信頼できないとあれば「速に適当の人物」に代えてくれ、とまで言う。一種のゆすりに近い。

さらに末尾には、軍中央が出先、すなわち関東軍に対して冷淡な態度を取っているように見えてしまうことを「御含み置」きくださいとあり、中央の措置に強い不満を訴えている。中央が関東軍の暴走を警戒し、突発事に神経をとがらせていた様子が伝わってくる。その中央の一人が永田であり、石原が永田に書簡を寄せたように、永田もまた満州での実力行使には慎重な意見を持っていたのだろう。

永田の真の意図

柳条湖事件から三日後の九月二一日、朝鮮軍司令官・林銑十郎は独断で部隊を越境させ、関東軍支援に乗り出した。

当時、国外へ兵を出すには陸相や参謀総長、そして内閣の承認が必要とされ、最終的に天皇の奉勅命令が下された。しかし、林はこの許可を待たずして出兵したのである。林の日記には、間島（現・延辺朝鮮族自治州）方面から吉林を突くことが有利として、出兵を認めるように中央に上申したことが記されている。

一々命令を待ちては機宜を失するの憂いあるを以て、形勢に応じ一部の越境の独断を認められたく、又此方表面上対支開戦とならずして穏当なり。

（林銑十郎『満洲事件日誌』）

軍中央は、中国と全面戦争になることを恐れていたのだろう。だからこそ、林は「その心配はない」と述べたのだ。これを見ても、陸軍中央がいかに慎重だったかがよくわかる。

朝鮮軍参謀だった神田正種が残した手記「鴨緑江」によれば、当時（昭和六年）、永田や小磯ら軍中央は昭和一〇年を目途として満州問題の解決を考えており、それまでは「国防国家体制の整備、軍の拡張等」などを行なって地ならしをする、としていた（林『満洲事件日誌』）。

神田によれば、満州問題解決の手はじめは問題解決の重要性を軍が主導となって国内に宣伝するものであり、「?・」をつけてはいるが、関東軍の考えに比べて「正道?・」と述べている（同右）。

神田の述べる国内向けの宣伝という手段は、「満洲問題解決方策の大綱」の条項とも一致する。「大綱」は来春（昭和七年）まで、神田の手記は昭和一〇年と、時期のズレはあるが、永田を中心とした軍中央部が急激な武力行使を望んでいなかった点は共通する。

しかし、柳条湖事件が起きて戦線が拡大した際には、永田は現地軍を支援する動きを見せる。一見、従来からの考えと矛盾（むじゅん）するこの行動は何によるものだろうか。

この問題を考える際に参考になるのが、永田につけられた呼称「合理適正居士（こじ）」（武藤章『比島から巣鴨へ』）である。

永田は――いずれ満州問題の「解決」を目指していた。それは取りも直さず、満州に日本の覇権を確立することにほかならない。それには規模はともかく、武力行使も考えなければならないだろう。また、一度始まった武力衝突を停止し、のちにもう一度実力に訴えるのはいかにも非効率であるし、侵略的意図が露骨になる。となれば、一度動き出した流れに乗り、計画を前倒しにしたほうがいい。いったん出動した軍を止めるのも、非常な困難がともなう――こうした合理的、一面では機会主義とも見られる考え方をしたのではないだろうか。そして、この考えのもとに上層部を動かしたのではないか。

このような「永田構想」は陸軍の主流となりつつも、重大な摩擦を引き起こした。そして、対ソ戦略、対中戦略をめぐって、一夕会は分裂することになる。いっぽうは永田で、もういっぽうは小畑敏四郎、陸士一六期の俊英二人である。一人は殺害され、一人は表舞台から去るきっかけとなった対立はなぜ起こったのだろうか。

小畑敏四郎との対立

永田、小畑の対立が決定的になったのは昭和八（一九三三）年の四、五月頃である。この時期、陸軍省・参謀本部合同の首脳会議が四回にわたり、開かれている。

参加者は陸軍省から荒木貞夫陸軍大臣、柳川平助次官、山岡重厚軍務局長、山下奉文軍事課長ら、参謀本部から真崎甚三郎参謀次長、古荘幹郎第一部長、永田鉄山第二部長、小畑敏四郎第三部長、鈴木率道作戦課長らである。参謀本部のトップは総長だが、この時は皇族の閑院宮載仁親王であり、責任の生じる実務にタッチすることは少なく、真崎が実質的なトップだった。

この会議において対立したのが、永田と小畑だった。その原因を一言で言えば、「対ソ連開戦は早期にすべきか否か」である。早期開戦を主張したのが、小畑である。

日本が満蒙に勢力を伸ばしていく状況は、国境を接するソ連にしてみれば、当然ながら脅威に感じる。しかし、ロシア革命後の国力回復や諸外国との関係を考えると、すぐに行動を起こすことはできない。


つまり、ソ連は日本の満蒙支配によって脅威と憤怒を感じており、自国の国力が回復し、英米の対日感情が悪化するなど条件が整えば、チャンスを捉えて反攻してくることは明らかだ、というのである。このような認識を前提に、それに対処するためには、そのような条件が整う以前に、ソ連に一撃を加え、極東兵備を壊滅させる必要がある。そう小畑らは考えていた。そしてそのために、一九三六年（昭和一一年）前後の対ソ開戦を企図していた。これは、ソ連の第二次五ヵ年計画完了による国力充実以前に、極東ソ連軍に打撃を与えようとするものであった。ちなみにソ連の第二次五ヵ年計画は一九三三年を初年度としていた。

（川田『昭和陸軍の軌跡』）

「五ヵ年計画」とは、国家を発展させるために五年間で達成すべき目標を定めた計画経済のことで、小畑はソ連が国力を充実させて態勢を整える前に、ソ連の極東防備を粉砕しようと考えていた。

しかし、永田はこれに異を唱える。ソ連は第二次五カ年計画終了後数年間は態勢が整わず、あらかじめ開戦年月を指定しておくのは適当ではない。計画完了後すぐにソ連の戦争力が充実すると考えるのはあてがはずれている、というのである。日本側の事情もあった。

> 現在の国際情勢は、日本にとって有利なものではなく、満州国の迅速な建設が焦眉の課題である。国内情勢も、政治的経済的社会的に幾多の欠陥があるため、挙国一致は表面的なもので、「国運を賭する大戦争」を遂行するには適当ではない現状にある。したがって、もし対ソ戦に踏み切るとしても、満州国経営の進展、国内事情の改善、国際関係の調整などの後にすべきである、と。
>
> （同右）

永田と小畑の違い

	対中国	対ソ連	対アメリカ・イギリス
永田鉄山	積極的	様子見	政治解決
小畑敏四郎	消極的	即時開戦	政治解決

小畑が奇襲的な攻撃でソ連の防備を一気に崩そうとしているのに対し、永田は対ソ戦が長期戦になると考え、万全の態勢を整えてからじっくりやろうとしている。小畑の言うように、敵が態勢を整える前に撃破できれば、それがいいのかもしれない。しかし、もし失敗して長期戦になってしまった場合、日本は耐えることができるだろうか。

当時はその是非が不明だろうが、のちにヒトラーが答えを出している。ナチス・ドイツは昭和一六（一九四一）年六月二二日、独ソ不可侵条約を破り、ソ連に侵攻。ソ連の用意が整っていなかったこともあり、当初は快進撃を続けるものの、やがてその鋭鋒（えいほう）はにぶり、ソ連の反攻を受けて撤退、敗北に至った。ナチス・ドイツとソ連は共に莫大な人員と物量を注ぎ、すさまじい犠牲を出した。ナポレオンもヒトラーも、広大な領土と酷寒のロシア（ソ連）を攻略することはできなかったのである。

永田と小畑の考え方の違いについては、永田が陸大教官時代に教え子だった高嶋辰彦の回想がわかりやすい。

昭和七年末徳島歩四三の大隊長となり、ドイツから帰って中央で帰朝挨拶の際、参謀本部第三部長の小畑敏四郎少将に「ヨーロッパから観た日本の満州対策についての所見」を求められた。そこで私は「ソ満国境付近の軍備充実第一主義よりも、満州国の中央政治の充実確立、民生の安定第一義の方が、よいように感ずる」旨を答えたところ、それまでの対談姿勢から突然回転椅子を机の方に回して聴取を打ち切られた。何故か判らなかったが恐縮して退室した後に、永田第二部長に挨拶に行って、拙見が偶然にも第二部長の主張に近く、しかもこの問題が小畑、永田両部長の主張対立の中心点であったことを知った。

(『秘録 永田鉄山』)

小畑はソ連を相手にする以上、中国とは極力事を構えず、提携していく考えだった。これに対して永田は、中国との共存共栄を求めはするが、抗日運動が激化すれば、武力を行使してでもこれを排除しようと考えていた。永田にとって、満蒙を含む華北地域(中国の河北省、山西省、山東省、河南省）は総力戦を戦うための資源供給地であったことを考えれば、当然の帰結として導き出された結論だろう。

永田を敬していたうちの一人である武藤章は、参謀本部作戦課長時代に勃発した盧溝橋事件に際し、これを機会に国民政府に一撃を加えて反日の禍根を断つ、との考えを持っていた。これはまさしく、永田構想の一部だった。

幻の日ソ不可侵条約

永田と小畑の争点がよりはっきりわかるのが、日ソ不可侵条約締結と東支鉄道買収問題である。省部首脳会議の前年となる昭和七（一九三二）年、駐日ソ連大使より何度目かの日ソ不可侵条約締結の申し込みがあった。当時、永田が部長を務めていた参謀本部第二部にいた武藤章によれば、一部を除いて第二部は「即時応諾すべし」という主張をした。

しかし、「他の有力な反対」によって第二部の意見は潰されてしまう（武藤『比島から巣鴨へ』）。結果、ソ連の申し出は内田康哉外務大臣によって謝絶された。武藤の言う「有力な反対」には、もちろん小畑が含まれていると考えていいだろう。

もし、この段階で日ソ不可侵条約が結ばれていたら、永田死後に起こった張鼓峰事件（一九三八年）やノモンハン事件（一九三九年）などの武力衝突にどのような影響を与えていただろうか。ひょっとしたらこれらは起こらずにすんだかもしれない。

もう一つの東支鉄道買収問題は、満州北部でソ連が経営する東支鉄道の買収にからむ意見対立のことである。当時の斎藤実（海軍大将）内閣は、これを満州国に買い取らせる閣議決定を行なっており、外務省も積極的だった。外務省欧米課長の東郷茂徳（のちに外相）は、旧知の永田に買収の必要性を説いた。

> 同少将は予てから「ソ」聯との衝突は回避するを可とすとの意見を保持していたので、直ちに予の説に賛成し、陸軍内部より促進すべきことを約した。
>
> （東郷茂徳『時代の一面』）

ソ連との関係改善のみならず、満州国の育成、また間接的ながら日本の重工業の成長に資するとの考えから、永田はこれを推進し、軍内部でも概ね賛同を得た。

ノモンハン事件

昭和14(1939)年5月、満州・モンゴル国境をめぐって、日本・満州国軍とソ連・モンゴル軍がハルハ河および周辺の草原で衝突。写真は将軍廟(しょうぐんびょう)で戦闘配置につく日本軍　（朝日新聞社提供）

ところが、小畑をはじめとして陸相・荒木、作戦課長・鈴木率道らは猛反対。理由は、国民の血税で資本家のために鉄道を買収するだけでなく、ソ連に支払った金は彼らの軍事力増強を助け、その金によって造られたトーチカはやがて「わが将兵の血をもって」攻撃せねばならない、というものだった（高橋正衛『昭和の軍閥』）。

結局、永田らの主張が通り、東支鉄道は満州国によって買収されることになった。ソ連側と交渉していた満州国外交部総務司長の大橋忠一は、「永田のお蔭ですよ、これが出来たのは」と、永田の尽力を高く評価している（小池・森『大橋忠一関係文書』）。

永田は、東郷、大橋など外務官僚とも意思疎通ができており、彼らから相当な評価を受けていた。この一件に関し、永田と外務省の思惑は一致していたと見ていいだろう。しかし、同志であった小畑との仲は修復不可能なレベルに至る。その対立は、永田の死へとつながっていくのである。小畑は永田を、その死後も許さなかったという。

では、二人の対立が永田の死につながるのはなぜか。そして、永田と相沢三郎の運命が盛夏の軍務局長室で交差したのはなぜか。その答えを探すために、今度は相沢の人生をたどりながら、昭和陸軍の流れを追ってみたい。

第四章

相沢三郎と皇道派

父の教え

相沢三郎は明治二二（一八八九）年、福島県白河町（現・白河市）に生まれている。父は旧・仙台藩士の相沢兵之助で、「明治維新の際、東北諸藩が天下の大勢に暗く、大義名分を誤り、朝敵の汚名を受けたことを深く慚愧慨嘆し、三郎の幼時、日夜これを訓えて、祖先の汚名を雪ぐべきだとさと」すなど、「高潔の士」だったという（菅原『相沢中佐事件の真相』）。

「大義を誤り」とは、戊辰戦争に際して東北諸藩の多くが薩長率いる官軍と敵対し、旧幕府勢力として戦ったことを指す。この父の教えは、まさしく相沢の人生を形作ったと言えるかもしれない。

相沢は仙台幼年学校から中央幼年学校を経て、士官学校に入学。二二期だった。同期には、後年企画院総裁となる鈴木貞一がいる。士官学校卒業後は他の軍人と同じく部隊勤務となるが、得意の剣術で陸軍戸山学校の剣術教官にも就いている。その剣術は技巧と言うより、気迫を込めた一撃で相手を仕留めるものだったようだ。

相沢の「同志」であり、のちに二・二六事件に連座して陸軍大尉で免官となった末松太平（陸士三九期）は、次のように回想している。

相沢中佐は、相手の股ぐらに踏みこんで、真向微塵に打ちおろす剣を教え実行した。相沢中佐に一本面を打ち込まれると、ずしんと脳天どころか、足の裏がしびれると言われたものだった。

（末松太平『私の昭和史』）

内面における大きな特徴は、求道者のような面を持つことだった。父の訓戒はもちろんのこと、仙台にある輪王寺の僧侶・福定無外のもとで参禅し、修養にはげんでいた。永田を殺害する前日も伊勢神宮を参拝、当日も明治神宮に赴いて事の成功を祈っている。

また、非常に礼儀正しく、一途な人柄でもあった。末松によれば、「軍人勅諭そのままの性格で上を尊敬し、下に優しく、常に正座をして両こぶしを膝の上に置いていたという。

皇道派青年将校のさきがけとも言える大岸頼好（陸士三五期）に対しては、士官学校の後輩であり、自分より一〇歳以上も年下であるにもかかわらず、敬意を表して、他人に話す時ですら「大岸先生」と呼んでいた（末松『私の昭和史』）。

しかし、こうした長所は見方を変えれば短所にもなる。精神性を重視するために合理的思考に欠け、一途な人柄は視野を狭くし、思い込んだら他を顧みないこともあった。五・一五事件が勃発した際には、青森の歩兵第五連隊にいたにもかかわらず、居ても立ってもいられず汽車に飛び乗り、上京を企てている（憲兵に阻止された）。激情家の面も併せ持っていたのだ。

そのため、永田に近い人間からは、かなり批判的に書かれている。たとえば、高宮太平は、相沢が「国家革新」思想に染まった件について辛辣に表現している。

単純愚直で良識を欠いた性格に、神憑かりの建国精神や革新思想を吹き込まれたから、それが唯一最上のものと信じて維新の志士気取りになってしまった。

（高宮『軍国太平記』）

いっぽう、相沢の裁判を担当した弁護士の菅原裕は、相沢の行為を絶賛している。

相沢中佐は、至誠に燃え尊皇絶対の信のもとに隻手もって国難を防ぎとめようとした不惜身命の行為であることを識るに至ったのである。それはまさに天誅という名以外の何物でもなかった。（菅原『相沢中佐事件の真相』）

相沢の同志、敵対者それぞれの見方は違えども、この一本気な性格が軍務局長斬殺という凶行をなさしめたのはまちがいないだろう。

青年将校の憤り

相沢は「皇道派」と呼ばれる荒木貞夫、真崎甚三郎、小畑敏四郎の陣営に区分けされるが、相沢がこうした動きに参加するのは、彼ら将軍クラスとのつながりがきっかけではなかった。相沢をはじめとするいわゆる青年将校は当初、別の問題意識から「国家革新」を唱え、やがて皇道派と共闘関係になったのである。

青年将校による「革新」運動は、いくつかのきっかけがある。そして、これらのきっかけは個々別々ではなく、渾然一体となって「昭和維新」という大きな流れとなっていった。そのきっかけの一つが、ロンドン海軍軍縮条約にまつわる統帥権干犯問題である。

第一次世界大戦後、各国の建艦競争を停止させるため、大正一一（一九二二）年二月にワシントン海軍軍縮条約が結ばれる。これは、英・米・日・仏・伊の主力艦（戦艦、航空母艦など）を五対五対三対一・六七対一・六七に制限するものだった。続いて昭和五（一九三〇）年四月、今度は補助艦（巡洋艦、駆逐艦、潜水艦など）を制限するロンドン海軍軍縮条約が結ばれる。その比率は英・米・日が一〇対一〇対六・九七五だった。

これに対して海軍内は、「対米七割」を主張する「艦隊派」と条約締結を重視する条約派」が対立し、紛糾。最終的には、わずかに七割に届かない比率で条約は締結された。

ここから、事態は大きくなる。大日本帝国憲法の第十一条には「天皇は軍を統帥す」、第十二条には「天皇は陸海軍の編制及常備兵額を定む」とある。第十一条は陸海軍統帥部（陸軍参謀本部、海軍軍令部）が天皇を補佐して行使される大権の一つとして、内閣の介入を許さないとされた。いっぽう、第十二条は内閣の輔弼事項と考えられていたが、軍令部はこれを拡大解釈し、兵力量の決定は統帥事項に重要な関係を持つとして、政府が介入するのは「統帥権の干犯」にあたるとして問題にしたのである（畑野勇「ロンドン海軍軍縮条約と宮中・政党・海軍」筒井清忠編『昭和史講義』）。

この騒動は政党政治家が天皇大権をないがしろにした、という印象を与えることとなり、議会では乱闘騒ぎまで起き、政争はいっそう政治不信を招いた。

政治不信の根底には、不況と農村の貧困もあった。顧みれば、不況は第一次世界大戦終結直後から始まっており、大正一二（一九二三）年九月に起こった関東大震災がこれを悪化させた。そして昭和二（一九二七）年には若槻礼次郎内閣の蔵相・片岡直温（かたおかなおはる）の失言によって取り付け騒ぎ（預金者が預貯金を引き出すために金融機関に殺到すること）が起き、そこから金融恐慌へと発展していく。

これをなんとか乗り切ったのもつかのま、昭和四（一九二九）年一〇月にニューヨークで起こった株価暴落に端（たん）を発した世界恐慌が、日本を襲った。さらに翌年、浜口雄幸内閣の蔵相・井上準之助（いのうえじゅんのすけ）が行なった金（きん）解禁が不況を加速、「昭和恐慌」と呼ばれる事態となった。

特に農村部、なかでも東北地方の打撃は大きく、同年の米の大豊作は米価の大幅下落を招いて農家を苦しめた。その後も凶作や災害によって打撃を受け、小作争議も増えていった。農家では借金で支出をまかなうしかなかったが、それもできなくなると、娘を私娼窟に売り、わずかばかりの前金を受け取って凌ぐような惨状を呈した。

青年将校たちは部隊で、農村出身の兵士たちと接しているため、その惨状を肌身に感じていた。にもかかわらず、政治家や重臣はいっこうに状況を改善しない。それだけではない。昭和元（一九二六）年には大阪の松島遊郭移転問題に際しての収賄があり、昭和四（一九二九）年には五私鉄疑獄事件（北海道鉄道、伊勢電気鉄道、東大阪電気鉄道、奈良電気鉄道、博多湾鉄道汽船）で前鉄道大臣・小川平吉が起訴され、越後鉄道疑獄事件で浜口内閣の文部大臣・小橋一太も疑惑を受けて辞職している。さらに同年、賞勲局の総裁・天岡直嘉が賄賂を受け取った売勲事件も発覚している。

このように、「政治と金」の問題が噴出し、国民が政党政治に望みを失っている時であった。のちに二・二六事件を起こす青年将校たちのなかで、もっとも過激な人物とも言える磯部浅一はこの頃、幼なじみに世情への激しい怒りをぶちまけている。

財閥、軍閥、特権階級、それに政党は極度に腐敗し、国家に害毒を流し、国民を苦しめている。今我々が起ち上がって、奴等の息の根を止めねば、日本の将来は危い……。昭和維新は俺たち下級将校の力でやり遂げねばならぬ。そして、天皇陛下の大御心による仁慈の政治を取り返さねばならない。この国民の苦境を救うものは、もはや陛下の大御心だけだと、磯部は涙を流しながら語ったものだ。

（須山幸雄『二・二六事件　青春群像』）

こうした怒りは多かれ少なかれ、政治運動に参加する下級将校や民間の右翼活動家に共通していた。一人一殺主義を掲げた右翼団体・血盟団を率いた井上日召もまた次のような怒りを表明している。

当時は政党全盛の時代であった。政友会と民政党と、二大政党が対立して、交互に政権を獲得していたが、どちらが内閣を組織しても、政治はちっとも巧く行かなかった。それは、彼等が党利党略を考える外に、毫も国利民福を慮らなかったからである。彼等は国民大衆の生活を犠牲にして、財閥に奉仕した。そうすることによって、自家の権益を擁護し得たからである。（井上日召著、玉井顕治編『井上日召伝』）

さらに井上は、そうした政治家や重臣は「上は聖明を蔽い奉り、下は国民の希望を蹂躙った」許しがたい連中である、と述べている（同右）。

農村の窮乏、不況、政治家と財閥の癒着。さらに統帥権干犯問題で「天皇大権」が政党政治家によって無視されていると感じた青年将校や民間右翼は、特権階級の者たちが陛下の聖明を覆い、また国民を顧みずに私利私欲の限りを尽くしていると憤り、今こそ「昭和維新」の時である、と固く信じた。

この動きと、戦略をめぐって対立を続ける陸軍内の統制派・皇道派の争いがからむことになるのである。

天保銭組と無天組

相沢三郎や磯部浅一など、「昭和維新」を目指す青年将校らの多くは、陸大に進まなかった。例外が二・二六事件に参加した村中孝次だが、彼は陸大を中退している。

　陸大の入学者は期によって違いはあるものの、おおむね士官学校を卒業した同期の約一割程度で、明治一六（一八八三）年の開校から昭和二〇（一九四五）年の六〇期生まで卒業生は約三〇〇〇人。彼らは、永田がそうであったように、将来は軍の中枢で働くことを約束されたエリートだった。

　しかし、これは将校の間に分裂をもたらした。自らも陸大出身で、中将まで進んだ堀毛一麿は戦後、次のように語っている。

中村　陸大出身者、いわゆる天保銭組と、そうでなかった人の心理的な齟齬感というんですか、違和感というんですか、そういうものはどうだったでしょうか。
堀毛　ひどいもんだったですね。大学を卒業して天保銭をくっつけて帰ってくる。そうすると、陸大に入るまでは同期生として、それこそ士官候補生として同じ釜のメシを食って、野営に行っていっしょに酒保のうどんを食ったりなんかした仲であって、きわめて親しくやっていた。それが一方が陸大を出て天保銭つけて肩で風を切って帰ってくると、まあそうでなくてさえも〝あのやろう〟という嫉視羨望するということは、これは人間としてまぬがれがたいし、そして卒業して帰ってきたものがきわめて謙虚に、どこまでも友だちは友だちという態度をとって接しておればいいんですが、やはりエリートぶる。

（中村『昭和陸軍秘史』）

堀毛によれば、陸大に入ることは己の栄達をはかることとしてこれを嫌い、受験拒否運動まであったという。また、末松太平は次のように述べている。

私は反天主義者ではなかった。陸大卒業者が佩用している徽章を天保銭と俗称することから、陸大出を天保銭といい、それが多く幕僚を占めていることから、反幕僚が反天とすりかわり、反天運動ということばさえあって、革新運動とこれを関連させて強調する青年将校が、いるにはいた。が、それには私は反対だった。そんなこだわりはケチなことだと思っていた。

（末松『私の昭和史』）

陸大出身者（天保銭組）と非陸大出身者（無天組）を分ける象徴でもある、卒業徽章（17ページの写真の左下）は二・二六事件後に廃止されている。軍当局も、両者の対立・分裂を重視したのである。

二つの国家改造

陸大出身者には省部の要職に就く道が開かれており、そのなかで国家を改造することができる、という意識があっただろう。しかし、実際に目の前で兵士の苦しみと接している非陸大出身者には、その道がない。そして直接的な解決を目指して、あせりの色は濃くなっていった。

いっぽう、陸大出身のエリート幕僚は、青年将校の運動を危惧した。幕僚たちには、青年将校の運動は横のつながりを持ち、上意下達を基本とする軍隊秩序を乱すもの、と見えたのである。

のちに永田構想を受け継いだ武藤章は、昭和九（一九三四）年三月から翌年三月まで歩兵第一連隊で教育主任を務めたが、この時に部隊の青年将校を訓育し、政治的運動から手を引かせようとした。その頃、武藤（中佐）の私宅を、部隊外から磯部と村中（二人とも大尉）が訪れ、言い争いになったことがある。

彼等は私の聯隊将校に対する指導を非難した。時代錯誤と罵倒した。私は色々啓蒙的説明を加えたが、彼等は頑として応じないので、私は「お前方の運動方法には絶対反対だ。君等が万一越軌の行動に出るならば、私は断乎弾圧手段に出る」と結言して別れたことがあった。

（武藤『比島から巣鴨へ』）

幕僚と青年将校の対立は徐々に深まっていった。そして、彼ら青年将校の導き役となり、二・二六事件に連座したのが、民間人の北一輝（思想家、国家社会主義者）と西田税（陸軍予備役少尉）だった。北の『日本改造法案大綱』は青年将校のバイブルとなり、北は彼らの教祖的存在となる。その北と彼らを結びつけたのが、西田だった。

北の思想については深く立ち入らないが、青年将校にとっては「天皇親政」を実現するための思想的指針となったようだ。彼らは、本来は日本国民すべて、天皇の赤子として恩恵に浴さなければならないが、天皇と国民の間に政治家、財閥、特権階級が入り込んで邪魔をしている、と考えていた。

荒木貞夫と青年将校

では、青年将校が皇道派の将軍たちとつながるようになったのはなぜか。そもそも、皇道派とはどのような派閥で、なぜそのように呼ばれるようになったのか。

きっかけは、荒木貞夫の発言にあった。荒木は東京出身で長州閥には属しておらず、永田もかつて期待を寄せていた。永田が、荒木、真崎甚三郎、林銑十郎の三人について、最後の元老である西園寺公望の秘書・原田熊雄に語った言葉が残っている。

> 荒木、真崎、林、この三大将は、いづれも私のない実に立派な人達で、この大将各自の間はお互いに諒解もあり、おのづから三人は一致した行動に出ることができる。で、これらの人の中の一人ならば、いづれを陸軍の首脳者にしても、上下一般を通じ

て信望があるから——というのは、即ち私のない人達であるから統制が充分とれるが、もしこれ以外の人だとやはりかれこれ因縁もあり、今日までのいろんな事柄によって全部が挙げて信頼するということには行くまい。

（原田熊雄『西園寺公と政局　第三巻』）

荒木は長広舌で知られ、軍隊を表わす言葉をそれまでの「国軍」に代えて「皇軍」を使い始めた。この言葉に対しては「『国軍』でよいではないか」と批判する者もいたが（額田坦『陸軍省人事局長の回想』）、荒木が陸軍大臣になると、一気に広がった。

荒木については「非凡な精神家」（同右）との評価が定着しており、話もうまかったため、世情に悲憤慷慨する青年将校を惹きつけたのだろう。しかし、欠点もあった。荒木陸相のもとで秘書官を務めた有末精三は、戦後のインタビューで次のように述べている。

それから、荒木さんは性格からいって非常に人を見込まれました。それだから、つい好ききらいが出てくるんじゃないかと私は思うのです。その点、いちばん荒木さんが信頼されたし、なんといったってもののできるのは小畑敏四郎さんだという頭、これは変わらないでしょうね。いまでも荒木さんは小畑敏四郎さんのほうが永田さんよりもよっぽど偉いと思っておられましょう。
（中村『昭和陸軍秘史』）

荒木の陸相時代である昭和七（一九三二）年頃、小畑は参謀本部第三部長、永田は同第二部長だった。荒木は陸軍大臣であるから、両者の直接の上司ではない。しかし、小畑は荒木のもとをたびたび訪ね、荒木もまた小畑の話をよく聞いた。

これが両者の対立に拍車をかけていると見た軍事課の土橋勇逸は、永田の意見も取り上げるように荒木に進言。しかし荒木は、永田は意見を言いに来たことはない、自分から来るように伝えろ、と言う。土橋は、永田は統帥系統を乱すのを嫌うから、大臣が呼んでくれ、と返している（土橋勇逸『軍服生活四十年の想出』）。

永田は秩序や統制を重視し、そこからの逸脱（いつだつ）を嫌った。ということは、参謀本部の人間にもかかわらず、陸軍大臣の私的顧問のようになっている小畑を快（こころよ）く思ってはいなかったろう。

荒木の大らかで精神論を信奉する態度は、青年将校に好感を持って受け入れられた。ここから、永田らのように合理的方法で陸軍の地歩を固める統制派との違いが目立つようになるのである。高宮太平は、荒木と青年将校の関係について次のように記す。

また正月とか祭日になると、少尉、中尉が、千鳥足で泥靴のまま陸相官邸に現れ、「荒木はいるか」と怒鳴りつつ奥に通る。それを見ながら、「若い奴は元気がいいのう」と歓迎するから、「荒木閣下」「荒木閣下」である。（高宮『軍国太平記』）

さすがに、これは誇張されているように思う。昭和八（一九三三）年一月、荒木がいる宴会に呼ばれた谷田勇（終戦時に陸軍中将）によれば、相当数の青年将校がいたものの、特別乱れた様子はなかったという（谷田勇『龍虎の争い』）。前述のように、高宮は永田らに近く、皇道派に対しては誇張することもあったから、割り引いて読む必要があるかもしれない。

しかし、荒木は青年将校に寛大で、時にその態度が甘かったことは事実だろう。推測ではあるが、意図せずに若い軍人の話を聞き、彼らの意に沿うようなことを言うこともあったのだろう。

最初は荒木を推(お)していた一夕会の中堅幕僚も、次第に幻滅するようになる。荒木のもとで軍務局予算班長を務めた西浦進(にしうらすすむ)が戦後語るところによれば、「人事がなんというか非常に荒木派人事と言いますか、極端な荒木・真崎派人事をやる」こともあったようだ。荒木

小畑敏四郎(左)と荒木貞夫

小畑／明治18(1885)～昭和22(1947)年。士官学校16期、陸大23期。陸軍中将。二・二六事件後の粛軍で予備役
荒木／明治10(1877)～昭和41(1966)年。士官学校9期、陸大19期。陸軍大将、男爵。写真は小畑が参謀本部第3部長時
(朝日新聞社提供)

は先輩の宇垣一成が行なった人事を崩して宇垣派を追い出し、自分の息のかかったものを登用したという(西浦進『昭和陸軍秘録』)。

荒木は昭和七(一九三二)年の定期人事で、参謀次長に真崎、軍務局長に山岡重厚、陸軍次官に柳川平助などを配し、皇道派で固めた。このうち、山岡と柳川はほとんど軍政経験がなく、山岡などは趣味の刀剣鑑定に勤しむ始末だった。前述の谷田は親戚が山岡と親しく、若い頃から知っており、「皇国意識は熱烈ではあるが、可もなく不可もない」人物だったという(谷田『龍虎の争い』)。陸軍の枢要とも言える軍務局のトップに凡庸な人物を据えたのでは、偏った人事と見られてもしかたがないだろう。

荒木のもう一つの欠点は、予算獲得能力の欠如である。西浦たちが大蔵省と折衝して決めた予算を海軍大臣・岡田啓介にうまく丸め込まれ、一〇〇〇万円ほど譲ってしまったという(西浦『昭和陸軍秘録』)。

荒木は外面的には魅力的、かつ長州閥とは縁が薄かったことから、過剰に評価されていたということだろう。精神的な要素を大事にしたというのも、厳しい見方をすれば、具体的な中身をともなった提案や構想がなかったから、とも取れる。若くて感受性が強く、世間をあまり知らない青年将校から見れば魅力的な人物だった荒木も、実際に「数字」を取り扱う省部の幕僚にとっては、予算を取ることができない「悪い」上司だった。

皇道派と統制派

皇道派のもう一人の巨頭は、参謀次長の真崎甚三郎である。荒木によって参謀次長に引き上げられた真崎は、閑院宮載仁親王を戴く参謀本部の実質的なトップとして振る舞った。

真崎のほうが荒木より知恵者と見られていたようで、二人の全盛期は「荒真時代」と呼ばれ、なかには「荒木は真崎のロボットだ」と言う者までいたという（額田『陸軍省人事局長の回想』）。真崎はかなり積極的に青年将校と交わろうとしていたようで、次のようなエピソードが残っている。

真崎次長は、昼食の際、毎日交代で少佐大尉連と食卓を共にし、巧みに雑談を交わして大いに人心収攬に努めているとの評もあったが、筆者らの同輩の大部の者は斉し

く「偉い」と言っていた。（同右）

荒木は「陽性」で弁が立ち、真崎は「陰性」で訥々（とつとつ）としている。それゆえ、真崎は荒木の表面的な魅力を最大限利用し、荒木のほうは真崎を信用してすべてを任せていた、との評もある（田崎末松『評伝 真崎甚三郎』）。田崎末松（たざきすえまつ）による同評伝は、伝記類の常として、真崎に好意的に書かれている。それでも、真崎の印象については「陰性」と書かねばならなかったのである。

国策研究会を主宰、軍や政界に太いパイプを持ち、「フィクサー」とも呼ばれた矢次一夫（やつぎかずお）は、真崎を次のように評している。

当時の陸軍で、荒木の精神主義的風格は、若い将校にとって尊敬すべき先生型であり、真崎の豪放は、また、信頼すべき親分型であった。この先生と親分の名コンビを枢軸とした皇道派が、陸軍と政界とに一時期を画（かく）した事実は大きく見るべきであろう。

（矢次一夫『天皇・嵐の中の五十年』）

真崎が参謀となり、荒木がそれに乗るという形で協力し合っていたと見てよいだろう。

そして、前述のように、荒木は小畑を高く評価し、その意見を聞いていた。しかし、省部の中堅幕僚の多くは、小畑よりも永田の意見を支持した。両者は永田・小畑の対立を軸に分裂する。すなわち、荒木・真崎のもとに小畑を擁した皇道派と、永田を中心に省部の中堅幕僚たちが集った統制派である。

ただ、統制派とされた各人が、どこまで明確に自分は統制派という意識があったかはわからない。あくまで反・荒木真崎あるいは反・皇道派との意識だったかもしれない。いっぽう、荒木や真崎を信頼する青年将校にとっては、永田らは憎む

真崎甚三郎

明治9(1876)〜昭和31(1956)年。士官学校9期、陸大19期。二・二六事件後に取り調べを受けるも、軍法会議で無罪となる。写真は陸軍大将時　(共同通信社提供)

べき「敵」と映った。

皇道派の衰退

荒木が陸相の間は皇道派が優勢であり、彼らの天下だった。しかし、昭和九（一九三四）年正月に酒の飲みすぎで体調を崩した荒木は、一月二三日に斎藤実内閣の陸相を辞任する。後任は教育総監の林銑十郎で、林の後の教育総監には真崎が滑り込んだ。

実にあっけない幕切れだが、病気を抜きにしても荒木の辞任は時間の問題だったとの指摘もあり（森『永田鉄山』）、予算獲得に失敗した荒木は幕僚たちの信頼を失い、その地位は不安定なものとなっていた。

こうして、皇道派の牙城の一角が崩れる。荒木は当初、真崎を後任の陸相に据えようとしたが、閑院宮参謀総長に拒絶される。当時、陸軍三長官（陸軍大臣、参謀総長、教育総監）の後任人事は、三長官の合意で決める慣例があり、皇族である閑院宮にも逆らえなかったのである。閑院宮は自分を差し置いて好き勝手に振る舞う真崎に嫌悪感を抱いていたようであり、真崎自身も次のように述べている。

私は参謀次長として、宮殿下に御決裁を仰がなかった。宮殿下に責任がいくような決裁は仰ぐべきではないと考えた。（中略）だからいつも、〝これとこれと、これこれの案がございますが、私はこの案がよろしゅうございます〟というようにして、あの満州事変を乗り切った。

（田崎『評伝　真崎甚三郎』）

これは、取りようによっては総長をないがしろにしていると受け取られなくもない。軍人として真崎の先輩にあたる閑院宮は日露戦争に出征し、部隊を指揮して大きな功績を挙げている。また、昭和天皇に一目置かれる、皇族の長老でもあった。

昭和九（一九三四）年三月、林陸相のもと、いよいよ永田軍務局長が誕生する。この時五〇歳、階級は少将であった。林は荒木や真崎と近しい関係にあったが、二人が威を振るう状況については快く思っていなかったようだ。そこで、人事の目玉として永田を軍務局長に持ってきたのである。永田の局長就任は、周囲も待望していたことだったが、林は特にこれに熱心だったという（土橋『軍服生活四十年の想出』）。

衆望を担って軍政の枢要な地位に上った永田は、青年将校による政治的運動を制圧すべく乗り出していく。

士官学校事件

永田の運命を変えることになった事件の一つは、いわゆる「士官学校事件（十一月事件とも）」である。事件の概要は――野砲兵第一連隊付一等主計（大尉に相当）の磯部浅一、陸大在学中の村中孝次（大尉）、陸軍士官学校区隊長の片岡太郎（中尉）と、士官候補生数名がクーデターを計画し、昭和九（一九三四）年一一月二〇日に逮捕された――というものだ。

しかし、この事件は永田が荒木らに近い青年将校を排除するために計画した、でっち上げだとの批判がある。話はこうだ。

当時、士官学校の中隊長は辻政信大尉だった。作戦家として知られる辻は、優れた頭脳と頑健な肉体を持つも、我が強く偏狭な性格でもあり、のちにノモンハン事件にかかわり、太平洋戦争中にはシンガポール華僑粛清事件を起こした、毀誉褒貶の激しい人物である。その辻が、士官候補生の一人を使って磯部や村中を焚(た)きつけ、でっちあげた事件、というのが、逮捕された磯部と村中の主張である。

辻から報告を受けたのは参謀本部部員で、同じく統制派と見られた片倉衷少佐。報告を持ってきたのは辻と憲兵大尉・塚本誠(つかもとまこと)の二人である。磯部と村中は結局、証拠不十分で不起訴となるが、陸軍を停職となる。当然、彼らの気はすまない。そして「粛軍ニ関スル意見書」という文書を作成し、軍内部で起きた二つのクーデター未遂事件（三月事件、十月事件）の真相などと合わせて、片倉と辻を誣告罪(ぶこくざい)で告発した。

軍はこれを問題視し、二人を免官にしてしまう。当事者の一人である片倉は戦後になって永田の命令であったことを否定している。

よく永田鉄山軍務局長の指示により、私と辻とが謀議して事件をデッチ上げた、といわれるが、私は参謀本部部員であり、永田軍務局長は陸軍省の所属である。職務上、私は永田の指示や命令を受ける立場になかった。

（片倉衷『片倉参謀の証言　叛乱と鎮圧』）

そして、自身が辻の報告を受けて磯部らを逮捕させたことは否定しないものの、あくまで「第二の五・一五事件を未然に防ぐための措置」と述べている(同右)。

しかし、不起訴となった磯部らが改めて告発するのも妙な話で、片倉らが謀略的な手段を用いたのかもしれない。永田が直接命令したわけではないだろうが、片倉が尊敬していた永田の意を汲んで計画した可能性も捨てきれない。また、永田自身も「これを機会に」という気持ちはあったのかもしれない。

人事抗争

永田の運命を変えることになったもう一つの事件は、真崎に関係するものだ。荒木が中央を去っても(軍事参議官に就任)、まだ皇道派は生き残っていた。陸軍次官・柳川平助、整備局長・山岡重厚、何よりも陸軍三長官の一角である教育総監・真崎である。

実際、林の執務は楽ではなかったようだ。

林と真崎との間が、いつ頃から悪くなったかは知らぬが、しかし教育総監となったのちの真崎氏のところへ、依然として人事局長は日参しているし、憲兵情報も、毎日届けられ、青山の寺などに、青年将校を集めたりしている真崎氏のやり方に、まず林が腹を立て、これを周囲からもたきつけたろうが、林にしてみると、ロボットになっているようで、ひどく不快だったらしい。

（矢次『天皇・嵐の中の五十年』）

ついに、林は真崎排除を決意する。昭和一〇（一九三五）年七月一〇日、真崎の勇退を含めた将官の人事案を真崎に諮る。

大臣案の主なる者は菱刈、松井、若山の整理、予の軍事参議官専任、後任渡辺、秦整理、小磯航空本部長等なり。彼は種々理由を解き〔説〕しも一として承服し得べきものなく、責を悉く殿下に帰し奉れり。不逞の奴なり。予は之は大義名分の問題故斃るる迄争うと断言せり。

（伊藤隆・佐々木隆ら編『真崎甚三郎日記　昭和十年三月～昭和十一年三月』）

林は、菱刈隆（大将）軍事参議官、松井石根（大将）台湾軍司令官、若山善太郎（中将）参謀本部付と共に、皇道派の秦真次（中将）第二師団長の予備役編入を求め、真崎には軍事参議官、その後任に林と士官学校同期の渡辺錠太郎を据えることを提案したのである。

しかし、真崎はこれを拒否。林はあきらめずに何度か繰り返し、閑院宮参謀総長も勇退を勧告するが、真崎は聞き入れなかった。

とうとう、林は昭和天皇に単独上奏を行ない、七月一六日強制的に真崎を軍事参議官に編入した。軍事参議官は天皇の求めに応じて上奏を行なうもので、名誉職の色合いが強い。真崎が同意しない以上、三長官一致の慣例は守れないが、あくまでこれは慣例にすぎず、人事権は陸相にある。後腐れがないようにするには三人一致がよいが、真崎が自身の引退を首肯しない以上、しかたのない措置だろう。

だが、真崎らはまだあきらめてはいなかった。

ついに激突

渡辺錠太郎は、これ以前から林を手助けしていたようだ。永田が陸士首席なら、渡辺は陸大首席。かつ「文学博士」の異名を取るほど読書好きとして知られていた。「月給の大部分は丸善の支払いに充てていた」という（高宮『軍国太平記』）。政治色はほとんどなく、豪胆な人物で、荒木や真崎らの専横をよく思っていなかったらしい。永田が「渡辺閣下は参謀総長要員だよ」と言うほどの人物である（高宮『昭和の将帥』）。

七月一八日、荒木と真崎は非公式の軍事参議官会議を開き、巻き返しをはかる。出席者は荒木、真崎のほかに渡辺、阿部信行、川島義之、菱刈隆、杉山元、松井石根など。末席に永田もいた。高宮太平の臨場感あふれる記述を引用しよう。

まず、真崎が林の措置（教育総監の更迭）を攻撃。続いて荒木が立ち、発言した。

ただいま真崎大将の話を聞くと、陸相の措置ははなはだ失当で、統帥権干犯のおそれもあるように思われる。この点について陸相の明快なる御答弁を願いたい。

（高宮『昭和の将帥』）

統帥権干犯となれば、大事である。林が反論する。

真崎大将の陳述は事実と相違する点が多い。しかし、ここでその真相を申しあげることは、それこそ統帥権干犯になる。人事事項は決定するまでは重要なる秘密であり、決定後といえどもその経過を語ることはできない。ただ、申しあげておきたいことは、就任以来幾度かの人事異動をしたが、いずれも真崎教育総監は大臣の人事行政を掣肘（せいちゅう）せられたということである。ところが、このたびの人事異動について教育総監とは腹蔵（ふくぞう）なく協議したにもかかわらず、自説を固持（こじ）してややもすれば不穏な言葉さえ出し、しかもその内容がいつの間にか外部に漏洩（ろうえい）されている。あえて真崎大将が漏洩されたとは言わないが、陸軍大臣の人事行政を妨害せられたのでは、到底（とうてい）その責に任ずることができないので、遺憾ながら更迭をしたのである。（同右）

これに対して、荒木は将官の人事は三長官協議のうえ決定することに省部間の協定があり、天皇に上奏・裁可されている。これを無視したのは統帥権干犯である、と非難する。
しかし、阿部と渡辺の指摘によって、この省部間協定が「あげおき上奏」にすぎなかったことが明らかになる。あげおき上奏とは、口頭で天皇に対して協議の内容を伝え、天皇はそれを一応聞き置く形にするもので、正式に裁可するものではない。つまり、それほど重要なものではなかったのである。こうして、この件は無事に収まった。
次に、荒木らが持ち出したのが、永田と三月事件の関係である。荒木は、永田は三月事件の計画を立てた人物である、その人物を軍務局長として迎えるとは何事か、と林を批判。林がこれに反論して、具体的な証拠を出せ、と言うと、いよいよ切り札を出した。永田がかつて小磯に頼まれて書いた、あの計画書である。

真崎　これは確かに貴官の執筆と思うが、間違いはないか。
永田　私の執筆したものに相違ありません。
(同右)

永田の字は独特のクセがあり、判別は容易だった。しかも、本人が認めている。林は窮地に立たされた。ここで、助け舟を出したのが渡辺である。渡辺は、これは私文書か公文書か、と荒木に問う。荒木は、私文書なら問題ないだろうと渡辺が逃げを打つことを予測し、次のように答える。

荒木　念を押すまでもなく、これは立派な軍の機密書類である。

渡辺　疑念はあるが、荒木閣下の説にしたがってこれを機密公文書と認めよう。そこで改めてお伺いしたいが、軍の機密文書を一軍事参議官が私蔵しておられるのは、どういう次第であるか。機密書類の保管についてはそれぞれ内規がある。一部でも外部に持ち出されていたとすれば、正に軍機漏洩である。真崎参議官はいかなる経路で入手し、私蔵しておられたのであるか。ご返事いかんによっては、所用の手続きをとって糾明せねばならぬ。（同右）

渡辺は荒木に「公文書である」旨を発言させ、逃げられないようにしてから、その取り扱いを問題にしたのだ。荒木らは多少弁明をしたが、結局、この場は渡辺と林の優勢となり、問題の計画書は林が収める形で収束した。かくて、最後の反撃も潰え、皇道派の勢いは失墜した。

しかし、皇道派は、荒木の反論で場が収束したとしている。はたして、どちらが正しいのだろうか。当時、千葉憲兵分隊長だった大谷敬二郎は戦後、次のように述べている。

> 筆者の伝聞したところでは、永田を槍玉にあげて強く林の責任を追及したこと、更に渡辺によってこの証拠品の出所と所持を逆襲されて荒木、真崎の鉾先も鈍ったことは事実だったようである。（大谷敬二郎『昭和憲兵史』）

「軍の警察」である憲兵には、職務柄多くの情報が集まる。高宮の記すところは細部では誇張があるかもしれないが、大きな流れとしては正しいのではないだろうか。そもそも、前述のように、計画書は永田が積極的に書いたものではなく、小磯に頼まれて（小磯の回想では永田が勘違いして）書いたものであり、永田が計画を主導したわけではない。これを永田の責任に帰するのはむずかしいだろう。

ともあれ、荒木と真崎は陸軍中央から姿を消した。林をうまくバックアップしていけば、永田の念願であった「総力戦体制」構築のための陸軍改革は大きく進むはずである。

永田と相沢の会話

真崎更迭後、彼を支持する人々からの非難は永田に集中した。「軍閥重臣閥の大逆不逞」と称する怪文書がばらまかれ、そこでは教育総監の更迭を「統帥権を干犯」と決めつけ、次のように結ばれている。

陸軍教育総監の更迭は一真崎大将排斥ではなく反動革命の一露頭に外ならない。皇国の非常時は外患に非ず、社会不安にも非ず、此の閥族のユダヤ的陰謀の進行そのものである。皇国国民の総蹶起すべき秋は到来した。慎んで進路を誤るなからんこと、毫末の懈怠躊躇なからんことを祈るものである。

（今井清一・高橋正衛編『現代史資料(4)　国家主義運動(1)』）

同文書には、真崎更迭に至る過程を関係者しか知り得ない情報が記述してあることから、真崎周辺から出たことはまちがいないだろう。実際、真崎が青年将校に永田について吹き込んでいたことは、その後の歴史でも明らかになっている。

いっぽう、相沢三郎は福山の歩兵第四一連隊にいたにもかかわらず、七月一六日に新聞で真崎の更迭を知ると、休暇を得て翌日に上京。一九日に軍務局長室へ永田を訪ねた。事件後の尋問調書によると、次のような会話をしたという（以下、菅原『相沢中佐事件の真相』より抜き出して記す）。

相沢　閣下は此重大時局に軍務局長としては誠に不適任である、軍務局長は大臣の唯一の補佐官であるのに、其補佐が悪いから、何卒自決されたらよろしかろうと思います。

永田　一体君は今日初めて会うのだが、君の心持もよく判らないが、一体自決とはどういう事か。

相沢　早速辞職しなさい。

永田　君のように注意して呉れるのは非常に有り難いが、自分は誠心誠意やって居るが、もとより修養が足りないので、力の及ばない処もあるが、私が誠心誠意、大臣に申上げても採用にならない事は仕方がない。

相沢　あなたの御考は下剋上である（下剋上問答）。

永田　君の云う事は違う。下剋上と云うのは下の者が上の者を誣ゆる事だ。

相沢　一体大臣は補弼の重職にあられるもので、其大臣に対して間違った補佐をするのは、之は大御心を間違えて下万民に伝えるのであるから、あなたは下剋上だ。

永田　話が込み入って来たから腰掛けよ。

ここで、永田は相沢を座らせる。

永田　君は私を悪いと云うが具体的に云え。

相沢　真崎大将が交代したと云うのは間違った補佐である。

永田　人は各々見方があるが、自分は情を以て人事を取扱わない、理性を以て事をする（情理問答）。

相沢　情と云う事は日本精神の方から云うと真心即ち至情で最も尊いものだが、あなたの云われる情と云うのは感情の事か。

永田は、これには答えなかった。

永田　自分は漸進的に此世の中を改革する。

相沢　夫れはよい事だ。

ここで相沢は、村岡長太郎中将が「至情」について確固たる信念を持っていたことを話すと、永田はこれには答えず、次のように答えている。

永田　自分は罪を憎むが人を憎まない。

相沢　私も其様に考えて居ります。閣下とは今日初めて御会いしたのですが、私は以前から考えて居た通り、国体観念の乏しい人だから、軍務局長をお罷めになったら宜しいでしょう。

永田　兎に角今日初めて君に会ったので悠くり話す訳には行かぬから、此次の機会に会って話すか、又は手紙で往復して話をしよう。

（中略）

相沢　あなたは十一月事件に関係して、而かもその責任者として処理するに付て不届なやり方じゃないか。

永田は「からからと笑って」続ける。

永田　あれは全く私には関係も責任もない、其様な事をよく云う人があるので、会ってよく話をして居る。君も其様に思って居るのなら、今度会った時によく話をする。

相沢は、永田に対して「不適切」「不届き」に感じたものの、まだ殺害などを考えてはいなかったように思える。いっぽう、永田には、議論がうまく嚙み合わないために、適当にあしらうような雰囲気がある。

永田にしてみれば、朴訥な軍人が一人、悪い噂に乗せられてやってきた程度のものだったのかもしれない。思い詰めた相沢の心情は、永田には伝わらなかった。二人の最初で最後の話し合いは、これで終わった。

永田の遺稿

この頃になると、周囲の人間も、永田の危機を漠然と感じ取っていたようだ。

参謀本部から軍務局に来ていた片倉衷は、「大分閣下を狙っている奴がいますので、護衛をつけられたら如何ですか」と忠告した。永田はこれに対し「片倉、人間死ぬときは死ぬ。殺される時はやられる。すべては運命だ。私は運命に従う。俺は覚悟しているよ」と返している。片倉は「アアこの人は既に決意している。職務上、仕方がないのだな」と感じたという（片倉『片倉参謀の証言 叛乱と鎮圧』）。
永田が、どの程度生命の危機を感じていたのかはわからない。片倉への返答は、職務上につきまとう、一般的な危機について感想を述べただけかもしれない。しかし、時代背景を考えれば、抽象的な「覚悟」を述べたわけではないだろう。

大正一〇（一九二一）年の原敬（首相）暗殺、昭和五（一九三〇）年の浜口雄幸（首相）への狙撃、昭和七（一九三二）年には五・一五事件で犬養毅（首相）が、血盟団事件では井上準之助（前・蔵相）と団琢磨（三井合名理事長）が殺害されている。「殺される」ことがけっして絵空事ではない時代だったのである。

周囲の喧騒をよそに、永田は「軍を健全に明くする為の意見」を書いている。永田の遺稿ともなった、この意見書を見てみよう。

> 内外非常の時局に際し軍の統制団結は国家のため最大緊要事なり——職務上此点に関しては最大の関心を有し為し得る限りの努力を払い来たれり——大臣中心に其意図を奉し、苟くも下克上の考も行為も之れ無き範囲に於て……。
>
> （『秘録 永田鉄山』）

続けて、「統制団結十分ならさりし原因」に革新思想、横断的な組織の存在、怪文書の流行、部外者との関係、人事の不公正などを挙げている。人事については、不公正の例として山岡重厚軍務局長と松浦淳六郎人事局長（いずれも皇道派）を指摘している。

統帥を確立する方法についても縷々述べているが、一連の騒動を「統制の紊乱」として問題視していた。そして、終わり近くに「妥協――断じて否」と記し、「死も辞せず」と固い決意を述べている。

いっぽう、相沢は七月二一日に一度、福山に帰ったものの、前述の「軍閥重臣閥の大逆不逞」を目にする。同志の村中孝次から送られてきたのだ。

そして八月一日、自身が台湾歩兵第一連隊付に移動となったことを知る。台湾に行ってしまっては、もはや永田と会うことすら難しくなる。ここに、相沢は決意する。荷物をすべて台湾に送ると、八月一〇日、これが最後となる上京の途についた。

事件前夜

永田家ではこの頃、なぜ永田の機嫌が悪いのか、ということが重夫人や子どもたちの間で話し合われていた（『秘録 永田鉄山』）。しかし、永田は仕事のことはいっさい家族に話さなかったため、その原因が家族にはわからない。家族と夕食を共にするのは週に一度、日曜は外出でなければ書斎に閉じこもり、書類の整理に没頭していたという。

また、同期生から、「お嬢さんも、もうそろそろ嫁入頃だね」と言われた永田は、「それもそうだが、自分は今家の事など考えている暇がないよ、娘の事は万事君に一任する、どこへでも一つ世話してくれないか、そして俺を家庭の雑事にひかされる事なく、この重大時機に専心国軍のために働かしてくれよ」と頼み込んだ。同期生はこれを了承し、娘・松子の嫁ぎ先を決めたものの、式の前に不幸凶変が起こってしまった（同右）。

永田が派閥抗争に疲弊していたことを示す証言もある。永田は死の二カ月ほど前、満州を視察する林陸相に随行した。その時に、関東軍司令部の河辺虎四郎（のちに参謀次長）は、会食の席で永田に次のように耳打ちされている。

くつろぎの時間

左／昭和8(1933)年、多摩川で鮎釣りを楽しむ永田(酒ビンを傾ける人物)。右／庭でのスナップ　(永田家所蔵)

東京なぞに帰って来るなよ、満州部隊の気分は実によいと見たが、東京は全くいたたまらんよ。

（河辺虎四郎『河辺虎四郎回想録』）

死の二カ月前と言えば、真崎更迭の一カ月ほど前のこと。派閥抗争は激化し、流言蜚語が飛び交っていただろう。中央から離れた満州で、ふと本心を漏らしたのかもしれない。

また、日付は定かではないが、同郷で陸軍の先輩となる斎藤瀏（予備役少将）は、永田に関してあまりにも悪評が流されているのを心配し、忠告をした。これに対し、永田には珍しく「攻撃の態度」で反論したという。

国家改造の如きは民間微力の者に何が出来るか、又隊付将校などがこれを考えることは、それ自体擅越ではないか。況んや独善的にこれらの者が国家改造を自負して行動する如きは不埒と言わねばならぬ。予が動きは予の信念に基く、他者の容喙は不要である。（斎藤『二・二六』）

斎藤はさらに、永田の命を狙う動きがある、という重要な忠告をした。対して永田は、

いや有り難う、然し苟も大事を行う決意を持てば、生命の如きは問題ではあるまい、予は初めより覚悟を決めて居る。（同右）

と、取り合う様子はなかった。

斎藤は、のちに二・二六事件で禁錮五年の実刑判決を受けており、事件を起こした栗原安秀らとも親交があった。その線から得た情報によるものかはわからないが、彼らの動きに詳しかったことはまちがいない。

八月二日、永田家は神奈川の久里浜に借りた別荘に移った。娘の昌子が百日咳にかかり、その療養をするためだった。

同別荘は、実業家（東京瓦斯取締役）の太田亥十二が永田に貸したものだが、太田と親交のあった東京帝国大学教授で医師の真鍋嘉一郎は、永田の主治医でもあった。その二人が事件前日となる一一日の日曜日、永田を訪ね、食事を共にしている。

> 亥十二は主人に向かって「何うも貴方は近頃敵に狙われているようだから、この際一時軍務局長を罷めて、徐ろに日本の陸軍を大成させる道を講じては何うか。その方が国家のためである」というようなことを云った。それを聞いて、嘉一郎も「それは尤もだ。どうか国家のために自重してもらいたい」と傍から賛成した。鉄山も二人の好意を謝して、「だが自分は殺されても国家のためになれば悔いる所はない。それに今の陸軍に自分を殺すような、そういう間違った人間は一人もいないはずだ」と自信ありげなことを云いながら、なお会談に数刻を費やした。
>
> （真鍋先生伝記編纂会編『真鍋嘉一郎』）

軍人以外でも、永田の身に迫った危機を感じていたことがわかる。永田は「自分を殺すような」人間はいないと言っているが、この言葉は二人を安心させるためと、半ば本気だったのではないか。「死の覚悟」をしつつ、いっぽうで「大丈夫」と思うのも、また人間の心理だろう。

明けて一二日。朝六時すこし前。永田は家を出た。見送る子どもたちの頭を一人ずつなでながら、「風邪を引かしてはいけないよ」と、名残惜しげに夫人に告げたという（『秘録永田鉄山』）。そして永田は自動車に乗り込み、勤務へと向かった。

相沢の陳述

翌一三日、東京朝日新聞朝刊の一面に、「永田陸軍々務局長 省内で凶刃に倒る」の文字が大きく掲載された。この時は危篤扱いで、犯人も「某隊付中佐」となっている。

永田と敵対する青年将校は「義挙」と呼び、永田の同志たちは悲嘆した。当の相沢は、逮捕後の予審調書において――永田は陸士同期で先頭を切って出世する寵遇を受けながら、時代の雰囲気に流されて野望を抱き、三月事件の首謀者となり、十月事件にもかかわり、さまざまな陰謀をめぐらした——とし、さらに次のように述べた。

彼が生来の組織的な頭脳を傾倒して着々と奸策を漸進的に軍や統帥部は勿論漸次諸方面殊に在郷軍人を唆して国民の一部に向い、幕僚等の官職に在る者を利用して窃に雷同を図り、進で林大臣をして種々の勧告を排して軍務局長に彼を就任せしむる機を作り、茲に愈々重臣、官僚、財閥等と款を通じ、宇垣、南両大将等と林大臣をして接近せしめ、林大臣をして益々輔弼の責任を誤らしめました。

（菅原『相沢中佐事件の真相』）

林が軍務局長に永田を選んだのは、選ばれた永田の策謀とするに至っては呆れるほかないが、それを信じて刃を振るったのであるから、狂信または妄信することの恐ろしさを感じる。さらに、予審官に「永田一人を除けば軍の威信が回復すると信じたか」と問われると、次のように返答した。

信じました。其の理由は永田が倒れて其の代りに至誠尽忠の人が軍務局長の椅子に坐れば陸軍大臣をよく補佐しますから、従て陸軍大臣は輔弼の重任を全くすることになりますから、陸軍の威信は回復すると確信します。（同右）

ここでも、思い込みの激しさを感じるが、それほど永田の存在は大きかったのかもしれない。実際、その衝撃ははかりしれなかった。

永田の死に動揺したのは軍人ばかりではなく、重臣や政治家も多かった。そして、少なくない人間が「永田ありせば――」と語り、書いた。それはとどのつまり「永田がいれば太平洋戦争は避けられた」ということだろう。

いっぽう、永田と敵対した皇道派は彼を非難し、「永田が敷いた路線に乗ったがために、日本は戦争へと突き進んだ」と言う。真崎は戦後も「皇道・統制両派の血で血を洗う抗争は、小畑と永田の対立に始まった」と述べていたというから（秦郁彦『昭和史の軍人たち』）、自らの責任を認めなかったということになるだろうか。

相沢三郎辞世の句

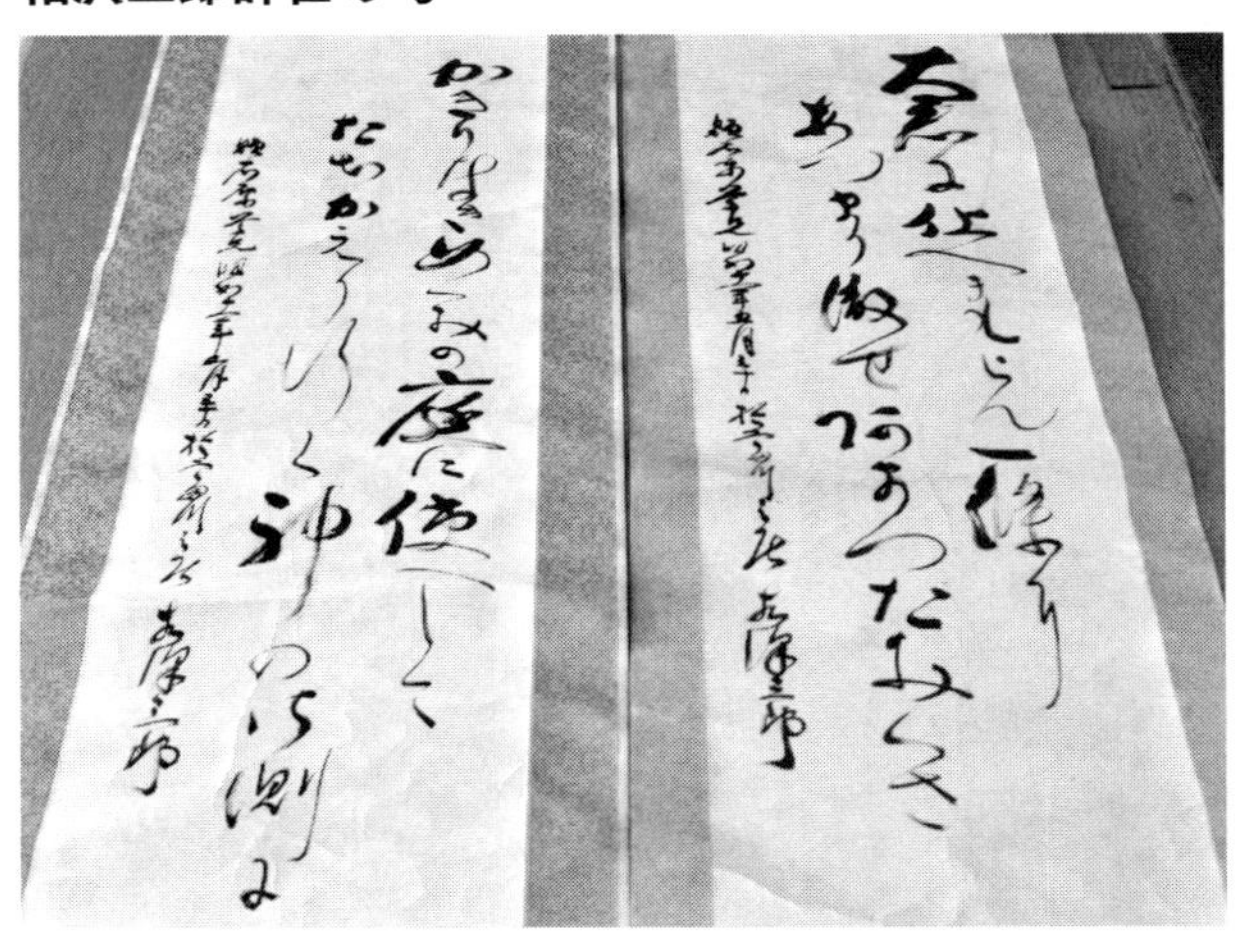

相沢が死刑執行前にしたため、石原莞爾に託した二つの句。左から「かぎりなき　めぐみの庭に　使えして　ただかえりゆく　神の御側に」「大君に　仕えまもらん　一條に　あつまり徹せ　阿まつたみくさ」（共同通信社提供）

いずれにせよ、永田鉄山という存在がいかに大きかったかがわかる。

では、もし永田がいれば太平洋戦争は避けられたのだろうか。あるいは、逆に永田がいたからこそ戦争に突き進んだのか。

このような「もし」は、史料批判を基本とする歴史学者にとって、禁じ手の一つだ。しかし、歴史の醍醐味でもあり、魅力の一つでもある。それは小説の分野であって、学問からはずれるかもしれない。それでも、追求してみたいと思う。次章では極力、文献から窺（うかが）うことができる永田の人物像をもとにして、その「もし」に迫りたい。

第五章

永田鉄山とは何者だったのか

分かれる評価

もし永田鉄山が生きていれば――は、同時代の人々にとっても大きなテーマだったようだ。統制派の一人である池田純久は、永田を「救国の英雄」視してはばからない。

私が若し「ある一人の軍人が、暗殺されなかったら、日本歴史は異った道を辿り、今日のような、惨めな敗戦にはならなかった」と云ったら「そんな軍人が居るものか」とセセラ笑う人もあろうが「ああ、それには永田鉄山中将だろう」と肯く人も決して尠くない。それ程彼は陸軍の偉材であったのだ。

（池田「永田鉄山斬殺と陸軍の暗闘」）

池田は敗戦直前、総合計画局長官に就任している。総合計画局とは文字通り、総力戦に必要な総合国力の拡充運用と、各省庁の連携などを推進する機関である。池田は、それらの業務のなかで、改めて永田がいかに優れていたかを肌で感じたのかもしれない。

軍人以外でも、永田は高く評価されている。永田の小学校時代の同級生で、のちに中央気象長となる藤原咲平は葬儀の際、永田の死を痛憤する弔辞を読んでいる。

残念である。遺憾千万である。誤解や盲信のために、是丈の頭、是丈の人格者を有無も云わせずに、あの世にやって仕舞う事は、あきらめろと云われてあきらめきれるか。あの整備した脳細胞の排列、一度破壊しては亦求める方法はない。損害だ。大損害だ。国家の為の大損害だ。国軍の為にも大損害だ。吾々朋友の為にも、そして家族の為には、あゝ御家族の為には、損害所ろではない。命よりも何よりも一番大事なものを、嗚呼何と云おうか、言い様もない、言い様もない不幸だ。無理だ、乱暴だ、非道だ。而して非業の死だ。おれ達の腹は煮え繰り返っている。世が世ならば一族を挙げて復讐せではおかないのだ。

（荒川秀俊「永田鉄山中将と藤原咲平先生」『日本歴史』）

藤原が永田の幼なじみであるとはいえ、弔辞が戦前のものであることは注目していい。米英と戦って敗北し、そこから振り返って永田の価値を論じているのではない。すでに永田死没直後に「国家の大損害」と嘆いているのである。

弔辞はこの後も続き、相沢のように「自分達丈が忠義者」と決め込む軍人を「解らずや」「馬鹿の慢心」と激しく批判（同右）。軍人や時代の風潮に媚びることなく、永田鉄山その人を賞賛している。藤原は二・二六事件が起こった際にも、窓の外を見ながら「おれがパチンコを持って行って、真崎と荒木を殺してやる」と息巻いて、部下を驚かせている（同右）。

いっぽう、永田を「敗戦の元凶の一人」と見る人物もいる。その一人が、小畑敏四郎である。小畑は戦争に至らしめた人物の筆頭として木戸幸一（内大臣）を、軍人としては永田を一番に挙げている（須山『作戦の鬼　小畑敏四郎』）。

小畑にすれば、自分たち皇道派は永田によって排除され、二・二六事件後には東条英機や武藤章などの統制派が実権を握ったことを考えれば、自然と出てくる答えだったのだろう。

ここで、永田死後の流れを簡単に追いたい。

相沢事件から約半年後の昭和一一（一九三六）年二月二六日に起きたのが、二・二六事件である。荒木や真崎と近しい皇道派青年将校らが決起し、岡田啓介首相以下の軍・政府の要人を襲撃、殺傷した。当初は腰が据わらなかった軍も、昭和天皇の断固たる姿勢などの影響を受けて討伐に方針を転換。投降勧告の効果もあり、二九日に終結した。のちに首謀者の多くは処刑され、荒木や真崎などは予備役に追い込まれた。皇道派は壊滅した。

翌年七月、盧溝橋事件をきっかけに日中が衝突し、やがて全面戦争に至る。この時、永田の腹心の一人である武藤章は戦線の拡大を主導し、不拡大派の石原莞爾と衝突する。以後、日中戦争や満州国育成を焦点に、東条英機・武藤章らと、多田駿（ただはやお）・石原莞爾らが対立。この争いは結局、東条が陸相となってから、多田や石原が予備役となることで決着した。

昭和一六（一九四一）年

武藤章

明治25(1892)～昭和23(1948)年。士官学校25期、陸大32期。軍務局長等を経て陸軍中将。東京裁判でA級戦犯となり刑死。写真は戦後に撮影されたもの　（共同通信社提供）

一〇月に首相となった東条は陸相や内相を兼ね、軍務局長に武藤章を置いたまま、対米交渉を担った。東条と武藤は対米戦争回避に尽力するが、開戦を主張したのが参謀本部第一部長の田中新一（たなかしんいち）である。この田中も統制派に分類される人物である。

このように、路線の対立はあったものの、永田の後を受けた統制派が陸軍を動かし、陸軍が国を動かした。その起点にいたのが、永田鉄山である。

国を救えたかもしれない逸材と、敗戦に至るレールを敷いた元凶。この二つの相反する評価に共通するのは、いずれも永田鉄山という人間の影響力の巨大さだろう。一国を救うか破滅に導くか、どちらにせよ尋常な人間のなし得るところではない。はたして、永田の何がそれほどまでに人々を期待させ、あるいは憎悪させたのだろうか。

「力」と「理」

第三章でも述べたが、武藤章は永田を「合理適正居士」と呼んだ。「合理適正と認めざる限り頑（がん）として応じない人」（武藤『比島から巣鴨へ』）だった。永田が軍事課長時代の部下・西浦進も、その仕事ぶりを次のように記している。

永田課長は流石(さすが)に頭の良い人で、仕事は理路整然たるところがなければ納得しない。従って仮に課長の所でひっかかる問題でも成程(なるほど)と思うことなので、却(かえ)って教えられるのを楽しみにしていた。

(西浦進『昭和戦争史の証言 日本陸軍終焉の真実』)

東条英機

明治17(1884)～昭和23(1948)年。士官学校17期、陸大27期。陸相を経て、昭和16(1941)年に首相就任。東京裁判でA級戦犯となり刑死。写真は首相時　(国立国会図書館提供)

これらからわかるのは、永田が優秀な官僚だったことである。「軍」と言うと、現代のわれわれは異質な組織を想像しがちである。確かに、武器を持った武装集団であり、実力行使を認められている点で、他の官僚組織とは大きく異なる。しかし、予算を獲得し、人員と物資を動かすという点においては、それほど変わらない。また、人事、予算にともなう業務は官僚組織だけでなく、会社など民間組織でも求められる。その意味では、永田の能力は、他のどの組織でも活かせただろう。

そして、相沢三郎との対談において「自分は情を以て人事を取扱わない、理性を以て事をする」と述べたことに象徴されるように、永田の一面は「理」の人であると言える。

とはいえ、永田には事務官僚にとどまらない一面もあったようだ。有末精三の回想によれば、永田は、話の途中に「君、サーベルガチャガチャやって脅かすか」と述べたこともあるという(『秘録 永田鉄山』)。なかなか物騒な発言だが、永田はあくまで陸軍という組織の人間であり、必要となれば圧力をもって物事を進めようとする一面があったのかもしれない。

この発言について、森靖夫は、一期下の東条すら子ども扱いした永田が一三期も下の有末に対し「本気でそのようなことを話すとは考えられない」と、否定的な意見を述べている(森『永田鉄山』)。

しかし筆者は、永田は割と本気で考えていたのではないかと考えている。「総力戦国家」

という目的のためには、さまざまな分野の人々と多様な交渉を強いられる。その時、理屈で通る人間ばかりであるとも思えない。時には、多少強引に見える方法で要求を通すことも必要になるだろう。もちろん、永田が軍の力を背景にして要求を押し通した事実は管見(かんけん)の限り、見あたらない。

だが、直接的な脅しでなくとも、それとなくチラつかせる形で物事を進めることを考えたとしても不自然ではないように思う。有末がはるか後輩であることは確かだが、将来軍の中枢に進むことが約束されたエリートの一人でもある。「万が一の時は」というつもりで、永田が「サーベル」という言葉を使ったのではないか。

むしろ、このエピソードは一筋縄(ひとすじなわ)ではいかない永田の幅の広さととらえるほうがよいと思う。「清濁併せ呑む(せいだくあわせのむ)」「硬軟(こうなん)使い分ける」という表現があるように、理知的な永田にそのような面があったことは欠点ではなく、人物の大きさと見てもいいのではないか。

また、永田が大きなだけの人物ではなく、バランスの取れた人物であることも、次の記述からわかる。

彼は知情意平衡を得た点、珍らしい人格であった。知は衆を越え、情に濃かに、而して意志は強固である。従って遊蕩はすれど溺惑せず、飲酒はすれど大酔なく、執る所欠けれど人を怒らせぬ。機略あれど権謀を弄ばず。真摯堅実、事に当る。そして軍人離れをした視野をもって居る。不世出と言えば言い得る存在であったと思う。

（斎藤『二・二六』）

きわめて優秀だが、相手を見下すことなく誠実に対処する。他方、堅物ではなく、女遊びもすれば酒も飲む。しかし溺れることはない。要するに、俊秀かつバランスの取れた「常識人」だったのである。こうした点が衆目の期待を集めたのであろう。

天皇機関説問題

永田は単なる「力」の信奉者、すなわち軍の力を借りて目的を通すような人物ではなかったことは、岡田啓介内閣下で発生した「天皇機関説問題」からもよくわかる。

同問題は昭和一〇（一九三五）年二月、貴族院議員で東京帝国大学名誉教授の美濃部達

吉や枢密院議長の一木喜徳郎の「天皇機関説」が、日本の国体にそぐわないとして貴族院議員・菊池武夫（元・陸軍中将）から攻撃を受けたことから始まった。

天皇機関説とは、一国の主権は国家という法人にあり、天皇はその最高機関であるとした。これに対し、主権は天皇にあるとするのが天皇主権説である。二説の間で学問上の論争はあったものの、一般的な問題となることはなかった。美濃部が最高学府の教授を務めたこと、貴族院議員であることを考えても、それがわかる。

しかし、菊池の発言がきっかけで問題視されるようになり、ついには衆議院議員・江藤源九郎（元・陸軍少将）が美濃部を不敬罪で告発するに至る。陸軍や右翼、政友会もこの流れに乗って美濃部を攻撃。三冊の著作は発禁となり、貴族院議員を辞した。

美濃部の長男で、のちに東京都知事を務めた亮吉によれば、美濃部はかつて浜口雄幸がロンドン海軍軍縮条約を結ぶ際にも相談に乗り、問題はないと保証したことがあるという。この時から、右翼らの恨みを買っていたらしい（テレビ東京編『証言・私の昭和史2　戦争への道』）。

結局、岡田内閣は圧力に負け、「国体明徴声明」を出して美濃部説を否定する。それでもまだ不満を持つ人々はいた。

たとえば、二・二六事件の首謀者・磯部浅一は、獄中手記で渡辺錠太郎を「天皇機関説の軍部に於ける本尊」と名指ししている（河野『二・二六事件 獄中手記・遺書』）。渡辺が教育総監就任後、部下に対して行なった訓示が天皇機関説擁護にあたるというのだが、実際は永田と同じく軍の統制回復を目指した渡辺が、「機関説問題については陸相に従うべし、下の者が騒ぐな」との意図で話したことが誤解されたのである。渡辺は同事件で襲撃され、命を落としている。

永田もまた、この問題に頭を悩ませ、西園寺公望の秘書・原田熊雄に対して次のように語っている。

陸軍も、陰謀は警戒中であって、政争の具に供したり、外部と連絡して騒ぐことは禁じているつもりだが、しかし或る程度までこの美濃部問題については、陸軍大臣も相当に強いことを内閣に向かって言わなければ、内が収まらないかもしれない。しかし閣内の統制を紊すところまでは勿論行かない。（原田熊雄『西園寺公と政局 第四巻』）

もし永田が単に軍の影響力を強化したいと思っていたならば、この時、機関説問題を利用する手もあった。天皇を国家の主権者として主張すれば、これに直隷（ちょくれい）する軍の発言力は強まるからである。ところが、彼はこの動きを警戒し、事態の収拾をはかろうとした。ここからも、いかに永田が派閥抗争を排除し、軍の統制を回復させようとしていたかがわかる。

しかし、真崎は天皇主権説を支持し、機関説を批判する訓示も出していた。また、在郷軍人会は天皇機関説排撃のパンフレットを出し、あたかもそれが陸軍の一般的な意思であるかのごとく誤解されかねない状況が出来（しゅったい）した。この件について原田に問われた永田は、懸命に弁解している。

結局陸軍の意思でなくて、陸軍の一将校が偕行社（かいこうしゃ）の雑誌に投書したものを、在郷軍人会がパンフレットにして出したので、陸軍そのものは関係していない。（同右）

偕行社とは陸軍の将校たちの親睦組織である。そこで掲載されたものを「陸軍そのものは関係していない」とはいささか無理があるが、それだけ永田は軍人の軽挙妄動を心配していたのだろう。

幅広い人脈

前述のように、永田の死は陸軍に大きな衝撃を与えたが、軍人以外でも永田の死を惜しんだことは、注目に値する。

永田少将は眼界も広き見識ある軍人にて、今日の陸軍にては有数の人物と兼ねて聞込みのところ、果たして事実とすれば痛惜の至りなり。

(伊藤隆・広瀬順晧『牧野伸顕日記』)

牧野伸顕は、維新の三傑・大久保利通の次男であり、戦後の宰相・吉田茂の岳父にあたる。また、内大臣などを務めた華族(伯爵)でもある。「昭和維新」を叫ぶ青年将校にすれば、憎むべき一人だろう。実際、二・二六事件で襲撃されている。

彼ら重臣層は軍人と利害を異にするため、対立することもあった。その重臣の一人である牧野が、永田を「視界も広き見識ある」人物として知悉・評価していた。その記述から永田と面識がないことがわかるが、それだけ永田の評判が広範囲に行き渡っていたのだろう。


実際、永田はさまざまな分野の人々と交流があった。先に紹介した外交官・東郷茂徳もその一人だが、同じく外務省の守島伍郎（駐ソ連特命全権公使、サンフランシスコ平和会議特別顧問などを歴任）は、永田を「陸軍には珍らしい紳士で、話のよく解る人であった」と評価している（守島康彦編『昭和の動乱と守島伍郎の生涯』）。

陸軍の軍人と言うと、直情的で融通の利かない人物を想像しがちだが、永田はそうではなかったようだ。それは、前述の藤原咲平が軍を批判しながらも永田を高く評価していたことでもわかる。

永田を知る意外な人物に、岩波茂雄がいる。岩波は老舗出版社・岩波書店の創業者で、永田と学校は違うものの、同郷の友人だった。永田、藤原、岩波は仲が良かったようだが、このうち二人までが軍と関係のない知識層だったことは興味深い。永田の周囲に理知的な雰囲気を想像するのは、筆者だけではないだろう。

これは逆説的な評価になるが、永田を悪人とした怪文書「軍閥重臣閥の大逆不逞」は、永田の交友関係の広さゆえに成り立ったのかもしれない。そこには、永田が官僚や政治家、財閥と結んで皇道派を弾圧し、国家を危うくしている、とあった（今井・高橋『現代史資料(4) 国家主義運動(1)』）。

もちろん、永田を悪人として告発したのであるから誤解、というより誇張があるが、永田が幅広い人脈を持っていたことは周知の事実として認識されていた、と見ていいだろう。

永田自身もまた、積極的に人脈を広げた。池田純久を通じて国策研究会を主宰

各国の武官と共に

昭和9(1934)年の陸軍特別大演習前、各国武官を招待して。1列左から永田、4人目に杉山元、6人目に林銑十郎　（永田家所蔵）

した矢次一夫に連絡を取り、実業界の社交組織である交詢社や工業クラブに軍人を派遣し、民間の有力者と積極的に交流させたい、と願い出ている。

さらには、〝左寄り〟の人材にも偏見がなかったようで、大内兵衛や有沢広巳などのマルクス経済学者にも一定の評価を下していた（矢次一夫『昭和動乱私史 上』）。

人間的魅力

この幅広い人脈はどのようにして築かれたのだろうか。もちろん、省部の要職に就くような人物であれば、自然と外部との交渉は増える。しかし、ただ上辺だけのつきあいでは広げることはもちろん、保つこともできないだろう。そこには、永田の人間的魅力があったのではないか。

その人間的魅力について証言する人物がいる。永田が歩兵第三連隊長時に士官候補生として同連隊に配属された新井勲（あらいいさお）である。

中央に長らく勤めた人は、軍隊と遠ざかっているので、兵の教育に関する細（こま）かいことなどは、ほとんど忘れているのが普通である。しかし彼は直接担任者も驚くくらい、そうしたことにも明るかった。連隊長は本を一度読めば暗記してしまう。まさかそれほどでもあるまいが、連隊の将校の間には、そんなことまで噂された。この秀才永田鉄山が、連隊長時代にはその才人の片鱗（へんりん）だに示さず、単なる軍隊指揮官たるのタイプに終始したところにも、かれの大きさが証明される。かれは才人によくある、自分の

高松宮宣仁親王（左）と永田鉄山

昭和5（1930）年4月、高松宮の歩兵第3連隊行啓の折、官舎屋上より説明する永田連隊長　（永田家所蔵）

才智をことさら見せようとする、そんないやみは少しもなかった。示さずとも、かれの頭脳の良さは自然にわかるのである。

（新井勲『日本を震撼させた四日間』）

重要なのは、新井の立場である。彼は二・二六事件に際して勝手に部隊を引き連れ、禁錮六年の刑に処されている。決起そのものには反対していたが、彼もまた青年将校の一人で、「革新」「昭和維新」を唱える側の人間だったのである。

新井は当然、永田を悪し様に言う同志の言葉を聞いていただろう。それでも、間近に見た永田に対する敬意は変わらなかった。

連隊長としての永田は、自分に激しく意見した部下の中隊長の転任願いをも受け入れ、栄転とされる部隊に移動させた。また、新井自身が隊を離れて士官学校に入る際は職員名簿で教官の名を調べ、十数名の人々に紹介状を書いてくれたという。

かれには周到な計画があった。そして大きな実行力を持っていた。人間としても人情を解し、秀才には珍しい親切心と包容力を持っていた。かれは決して軽薄才子ではない、しかし下僚の勇み足と上司の責任のがれが加わり、反対者からはその人間性まで見誤られた。（同右）

計画力と実行力を兼ね備え、人情家でもあった永田。永田に部下として仕えれば、その人物像を見誤ることはなかったであろうが、不幸にも多くの青年将校は怪文書や噂による

「悪人」としての永田しか知ることがなかった。永田の理知的な側面についても、情けを知らない冷徹な策謀家のように映ったのかもしれない。

いっぽう、彼らが心酔した荒木貞夫は精神家とされた。農村の窮乏や政治家の腐敗に憤る若者にとって、理によって物事を考える永田は、自分たちとは相容（あいい）れないと感じたのではないだろうか。

永田構想の結末

前述のように、永田は「総力戦国家」を目指してきた。では、「総力戦国家」を作り上げるために、具体的にどのようなことをしてきたのだろうか。新井の言う「実行力」によって成し遂げたことは何か。

その一つとして挙げられるのが、「国家総動員のための準備施設」の設置である。永田は中佐だった大正一五（一九二六）年、初代の陸軍省整備局動員課長に就任するが、整備局設立に向けて動いていたのは永田本人だった。永田は課長就任に先立ち、国家総動員機関設置準備委員会の幹事となり、他省の官僚たちと折衝などを行なっていたのである。

整備局の発足に引き続き、昭和二（一九二七）年には内閣資源局が設立される。物資や人材の運用・統制をつかさどるこの組織は、総動員機関設置のための準備委員会（各省庁から代表者を出し、審議する）に提出された陸軍案にもとづいて設置された（森『永田鉄山』）。その準備委員会には陸軍省から軍務局長の畑英太郎と永田も参加しており、整備局に軍人を入れるのは、永田の構想だったという（堀茂「第一次大戦後帝国陸軍『革新』幕僚の志向とその施策」『政治経済史学』）。資源局はのちに企画庁と合併して企画院となり、この体制で対米開戦を迎える。

なお、東条内閣で企画院総裁を務めた鈴木貞一は、永田と同じ統制派である。その後、一度廃止された企画院は昭和一九（一九四四）年、総合計画局として復活、翌年長官となったのが池田純久であることはすでに述べた。こうして見てくると、永田死後も永田の構想は生きており、作り手たる永田を失ったまま、日本は敗戦に直面したことになる。

組織はできたが、はたして永田が目指した国家総動員はどこまで機能したのだろうか。改めて、永田の構想を見てみよう。

国家総動員とは有事の際国家を平時の態勢から戦時の態勢に移し、国家の権内にあるあらゆる人なり、物なり、金なり、あるいは機能なりの一切を挙げてこれを戦争遂行にもっとも都合のよいように按配する事業を指すのである。換言すれば国力全体を挙げ、国民の全能を絞り、これを適当に統合組織して軍の需要を満たすとともに、国家国民の生存を確保してもって戦勝を期する事柄がすなわち国家総動員である。

（永田鉄山「国家総動員準備施設と青少年訓練」）

「平時の態勢から戦時の態勢に移し」と一口に言っても、服を着替えるように簡単にできるわけではない。普段から周到な準備をし、多くの関係者が意識して取り組まねばならない。そして、総力戦が国家の全力を挙げて行なわれるものである以上、国民もまた深い自覚を持ち、いざという時に備えなければならない。だからこそ、永田は国民が軍事の常識を持つことが大事であると考えていた。

将来国家総動員が行われるものとして、その場合にたとえ戦線に行かないまでも国内にあって国家総動員のいずれかの方面の仕事に携わる国民は相当の程度に軍事なるものを理解しておくことはきわめて便利である。（同右）

同論考には、のちの太平洋戦争における日本軍を予見するかのような指摘もある。

後方から弾の続いてこないたくさんの兵隊を戦線に並べるということは無意味なことであって、国防資源その他の関係上将来の戦争においても男子の全部が戦線に立つというようなことはあるまいと思われるから……。（同右）

アジアの広い範囲に散らばった日本軍は、各地で飢えと物資の欠乏に悩まされ、戦闘によらずして屍をさらした。多くの兵士を動員できても、物資・弾薬が追いつかなかった。まさしく、永田が言う「弾の続いてこないたくさんの兵隊」を戦線に並べてしまった。また、学徒動員により、成年男子を根こそぎ戦場に送ろうともした。永田の考えた「国家総動員」とはかけ離れた事態を迎え、日本は敗戦に至るのである。

永田の死がおよぼした影響

ここで、最初の問いに戻りたい。もし永田鉄山が生きていれば日本はどうなっていただろうか。はたして、戦争は避けられたか。これらを検討していきたい。

そもそも、「永田が生きていれば戦争は避けられた」とする考え方は、「戦争の原因が日本だけにある」とする考え方に通じるものがある。しかし、戦争は相手があってはじめて起こるものである。何も、日本一国の事情だけで起こったわけではない。アメリカやイギリス、中国などの存在、そしてその対応があって、日本は選択肢の一つとして戦争に踏み切ったのだ。いくら永田が優れた頭脳の持ち主でも、できることには限界がある。相手国の対応までコントロールすることはできないだろう。

もちろん、永田に期待をかける人々は、開戦の原因が日本だけにあると思っていたのではないだろう。永田を高く評価し、その優れた能力が発揮されていれば、という前提のもと、故人の死を惜しんでいるのである。ただし、その永田への敬意がかえって視野を狭くし、戦争の原因を国内だけに求めてしまう姿勢と紙一重（かみひとえ）になる危険性も孕（はら）んでいる。

いっぽう、研究者の多くは「永田が生きていれば」の仮定に対して慎重である。森靖夫は、永田が生きていれば戦争は避けられたという声に「筆者もそう思いたい」が、「永田一人でどこまでやれたのか疑問が残る」としている（森『永田鉄山』）。川田稔も、対米開戦などに永田がどう対処したかについて「議論はあるが確たることは言えない」（川田『浜口雄幸と永田鉄山』）と慎重な姿勢を崩さない。

厳密な史料批判をもとに議論を展開していく研究者にとって、一人の人物が生きていたらという空想を展開するのは憚（はばか）られるのは当然である。しかし、歴史の流れが少なからず変化を遂げただろうことは、おそらく多くの人に納得してもらえると思う。

まず考えたいのは、永田の死がおよぼした具体的な影響である。磯部が獄中手記で述べたように、永田殺害の日の陸軍省の狼狽ぶりは、青年将校に実力行使に対する自信を与えた（河野『二・二六事件　獄中手記・遺書』）。

もちろん、二・二六事件の原因は複合的なものであり、相沢による永田殺害だけが引き金だったわけではない。しかし、青年将校ときわめて近しい関係にあった相沢が実力行使に走った影響は、けっして小さくない。実際、彼らは「相沢中佐に続け」と呼号していた。ということは、永田の殺害がなければ、二・二六事件は起きなかったか、もっと小規模になっていた可能性がある。

二・二六事件後に岡田内閣は崩壊し、同内閣の外相・広田弘毅が後を受けた。この時に陸相になった寺内寿一は、予備役に追われた荒木や真崎ら皇道派の復活を阻止するため、という理由で「軍部大臣現役武官制度」を復活させる。これは陸海軍大臣を現役の大将・中将に限るというもので、大正二（一九一三）年の山本権兵衛内閣時代、予備・後備役の大将・中将まで範囲が広げられていたのを、改めて現役のみに限ったのだった。

その間も軍部大臣が予備役から選ばれたことはなかったが、総理大臣が内閣を組織する際、現役の軍人ではない、すなわち軍から推薦を受けない人物でも大臣に据えられる点は大きい。軍部にとっては大きな脅威となるし、内閣への影響力も衰える。逆に、現役の大将・中将に限定されるのであれば、「軍の意思」が政治を動かすことが容易になる。

実際、現役武官制度の復活後、予備役陸軍大将・宇垣一成が組閣を命じられたにもかかわらず、陸軍から大臣を得ることができず（宇垣が陸相時に行なった軍縮が嫌悪されたためという）、組閣を断念している。

現役武官制度の復活は、皇道派の復活を阻止することが目的なのだから（それが建前だったにせよ)、統制派の中心人物だった永田が健在であれば、復活しなかったかもしれない。永田が軍の力を高めるために制度を歪めるようなことはしないのは、天皇機関説問題で見た通りである。

永田の死がおよぼした影響でもっとも大きいのは、統制派を取りまとめる人材がいなくなったことだろう。永田亡き後、軍を率いることになったのは東条英機らだった。永田と、一期下の東条は、「傍で見る目も羨ましい」(池田「永田鉄山斬殺と陸軍の暗闘」)ほど仲が良かったようだが、その関係は永田が東条を引っ張るものだった。

> 両氏の議論を聞いていると、永田氏の叡智の前に東条氏は永田氏に師事している恰好である。だが闘志になると、東条氏のそれは凄じく、猛烈な断行力、何者に屈せず驀進する鉄のような力は、東条氏の最も得意とするところである。両氏の会談で話が纏まると、「よし、それで行こう」と言って東条氏は邁進した。……東条氏を悍馬に譬えれば、永田氏はこれを馭する名騎手である。……大東亜戦争の決意には東条氏も苦慮したであろう。そのとき東条氏の脳裡をかすめたものは、永田氏の姿であり、そ

の亡きことを心から淋しく思ったに相違ない。若し永田氏が存命したら東条氏の決意も変わっていたのではあるまいか。かくして騎手なき悍馬は、ひたむきに太平洋の真只中に突入して行ったのである。　（同右）

「騎手なき悍馬」とは、言い得て妙である。永田のような包容力を持たなかった東条は、のちに石原莞爾や多田駿と衝突した。

　さらに、近衛内閣の陸相時には、日米交渉における中国からの撤兵問題で「陸軍としては一歩も譲れない」（参謀本部編『杉山メモ 上』）と拒否し続けた。結果的に近衛内閣は総辞職し、撤兵問題で強硬な姿勢を崩さなかった東条が後を受け、今度は自らが昭和天皇の意を汲み、日米交渉で苦労することになる。この時、軍務局長・武藤章、企画院総裁・鈴木貞一、参謀本部第一部長・田中新一など、かつて一夕会にあって永田の影響を受けた者たちが要職を占めていた。

　しかし、彼らのなかでも意見は分かれた。東条・武藤は日米開戦回避に動き、田中は強硬に開戦を主張した。開戦後はガダルカナル島の攻防をめぐり、両者は決裂。田中は東条らを「馬鹿者共（ども）」と罵り（ののし）（田中新一著、松下芳男編『作戦部長、東條ヲ罵倒ス』）、第一部長を解任されるのである。こうして、旧統制派のメンバーたちは分裂し、それをまとめるような人物は首相・陸相を務めていた東条を含め誰もおらず、戦局は悪化していった。

いくつかの可能性

次に、もし永田が生きていればどのような可能性が考えられたかを見ていきたい。

まず、かなりの確率で陸軍大臣になっていただろう。しかも、荒木のような政治力が欠如した大臣ではなく、部下からの信望も厚い、有能な大臣になっていたに違いない。他省との交渉も他の大臣、たとえば東条以上にスムーズにいき、摩擦も少なかったであろう。

永田が交渉をうまく進められたであろうという想定は、根拠のないことではない。軍事課長時代の永田は「大蔵官僚と非常にツーツー」（『秘録 永田鉄山』）だったようで、予算折衝などもスムーズに進んだことが想像できる。

また、前述のように外務官僚から評価されていたことからもわかるように、他省に築いた人脈と彼の人柄は役に立ったに違いない。その力量は、有末が「軍務局長として実務の力量に驚いた」（同右）と述べている通りである。

確かに、「永田一人」と考えればできることには限界がある。しかし、永田が死ななかったことで組織の要（かなめ）が保持され、多くの人材が活躍できたかもしれないことを考えれば、その影響力は小さくない。たとえば永田死せず、二・二六事件が起こらなければ、そこで殺害された人々も当然生きていたはずである。特に注目すべきは、前述の渡辺錠太郎だろう。

永田をして「参謀総長要員」とまで言わせた渡辺は、陸軍屈指の読書家というだけではなく、総力戦や新兵器などにも一見識を持っていた。軍を正常に戻そうという意志も強く、強力な決意を持って軍の統制回復に臨（のぞ）もうとしていた。この点、永田と共通する。二人がそろって軍の統制回復に尽力していれば、無用な衝突は避けられたかもしれない。

また、池田純久に「悍馬」と称された東条英機は、他者と衝突することが多かった。やむを得ない場面もあっただろうが、彼の狭量な性格が招いた、いらざる対立もあった。開戦後、戦局が危うくなると強権的な姿勢が目立ち、重臣層などの離反を招いた。もし永田ありせば、東条は永田の指揮・指示を受け、それを忠実に守ったかもしれない。

永田構想を受け継ぎ、それを実行に移したとされる武藤章は、対中政策をめぐって上司の石原莞爾と対立した。永田構想では次期大戦は不可避、そしてその戦争は総力戦になるとの考えが基礎にある。武藤はこれに備えるには華北の物資が必要として、強力な一撃で屈服させる「対支一撃論」を主張した。

いっぽう、石原は対ソ軍備を最重要視し、圧倒的に優位なソ連の軍事力に対抗するためには中国と事を構えるのではなく、満州国の育成に注力すべきであると考えた。そのうえで東亜の連盟を成し遂げ、蓄えた力をもとにアジアから欧米勢力を駆逐しようとしたのである（川田稔『石原莞爾の世界戦略構想』）。

この対立は武藤が勝利するが、武藤の目論見に反し、日中戦争は長期化・泥沼化していく。陸軍内部の対中和平派と主戦派の対立はその後も続き、それがやがて太平洋戦争まで続くことになる。永田がいれば、こうした意見対立を防げたかもしれない。

東条や武藤は永田構想を理解し、引き継いだ。しかし、彼らは所詮考案者ではなく、追随者にすぎない。引き継いだはいいが、永田構想の原型にとらわれ、柔軟な対応ができなくなってしまったのではないだろうか。考案者が死んだことで、かえって構想が絶対化され、状況に合わせて構想を変更することができなくなってしまった、とは言いすぎだろうか。

昭和陸軍を貫いた永田構想、その構想を生んだ男がいない陸軍は船頭のいない船だったのかもしれない。

戦争は回避できたか

それでは、永田が生きていれば戦争は避けられただろうか。

結論を先に言えば、残念ながら、「かなり難しかった」と言わざるを得ない。ただし、開戦時期は先延ばしにされ、戦争の様相はかなり変わっていただろう。それはなぜか。

第一に、永田自身が「次期大戦は不可避」と考えていたことが挙げられる。永田が軍務局長時代の昭和九（一九三四）年、軍事課の池田純久に命じて原案を書かせたパンフレットには、次のように書かれている。

世界における最終の戦争なりと思惟し、また庶幾せし世界大戦後、いかに多くの戦争が勃発したか。また最近の墺国動乱が一歩を過てば、ただちに第二の世界大戦となるの素因と可能性とを包蔵するごとき、欧州新国境の不合理性、植民地領有の偏頗不当、人種的偏見、経済財政的破綻、貿易乃至関税戦などの事実を挙げ来れば、戦争の可避、不可避の問題のごときは論議の余地のないところである。現下の世界の情勢と我が国際的立場とは、いまや国防は観念遊戯の域を脱し、国民の全関心全努力の傾注さるべき、焦眉喫緊の作業たることを要求している。

（永田鉄山「国防の本義と其強化の提唱」）

永田は部下の案に対し「真赤になる程朱を入れる」（片倉『片倉参謀の証言 叛乱と鎮圧』）というから、これは永田の考え方であると見てまちがいないだろう。

「墺国」とはオーストリアのこと。オーストリア＝ハンガリー帝国では第一次世界大戦後に革命が起こり、共和国に移行。さらにハンガリーやチェコスロバキアが独立した。ここから次なる世界大戦が起こる可能性を、永田は指摘しているのである。ナチス・ドイツによるオーストリア併合が行なわれたのは、この四年後である。

このように永田は、次期大戦は欧州、それもドイツ周辺から起こると考え（川田『石原莞爾の世界戦略構想』）、実際にその通りとなった。ただ、ベルサイユ体制に対するドイツの不満を考慮すれば、永田以外にも気づいていた人はいたと思われる。

やがて戦争が起こるという意識があったということは、裏を返せば、軍人として、いつかは戦わねばならないという覚悟を持っていたことになる。そこから、「戦争をしなければならないなら、なるべく有利な時期に」という結論は、容易に導き出せる。

たとえば、永田と小畑は、対ソ戦略において「ソ連の準備が整う前に開戦」「こちらの準備ができるまで静観（せいかん）」という方針の違いで対立した。一見、正反対のようだが、「戦わねばならない」前提は同じで、「いつが有利か」という点だけが異なる。永田は「それは今ではない」として反対したのだが、もし「今こそ好機」と考えれば、対ソ戦が行なわれていた可能性もある。

戦争が避けられなかったと考える第二は、東条英機もこだわった駐兵問題である。

永田構想では、総力戦のために華北を日本の影響下に置くことになっていた。しかし実際は、逆に駐兵問題がネックとなって、日米交渉は暗礁に乗り上げ、国内でもこれが混乱の原因となった。

東条は、駐兵問題で譲ってしまえば「陸軍はガタガタになる」と主張した（参謀本部『杉山メモ 上』）。しかし、これでは目的と手段が逆である。総力戦のために必要だからこそ（目的）、機会をとらえて国民政府との戦争を選び、華北を日本の影響下に置こうとした（手段）のではなかったか。それが、いつのまにか陸軍としては譲れない案件となってしまった。

永田没後のこととはいえ、これは永田構想が持つ大きな弱点ではないだろうか。もっとも、こうした事態においても、問題の本質を見失わず、冷静になって考えることができたであろう永田本人が生きていれば、臨機応変な対応を取ったことは十分考えられる。その場合、日本が戦争を決断するのはもっと遅くなっていたかもしれないが、前述の戦争不可避論を取る限り、どこかで衝突せざるを得なかったと思われる。

もし皇道派が実権を握っていたら

では、皇道派、特に小畑敏四郎が実権を握っていたらどうなっていたのか。

彼らにすれば、「戦争は避けられた」と言いたいかもしれない。前述のように、小畑は「敗戦の元凶の一人」に永田を挙げている。

小畑は対ソ戦・早期開戦論者だった。実権を握れば、早急に開戦しただろう。しかも、その戦闘のほとんどは陸軍が担うこととなり、海軍が担わねばならない対米英戦と異なり、海軍の抵抗が少ないことも予想される。

しかし、ナチス・ドイツにも持ち堪えたソ連を屈服させるのは、おそらく不可能だったろう。昭和一四（一九三九）年のノモンハン事件で、日本軍は多大な犠牲を出した。二一世紀になって、従来の「ソ連軍の圧倒的勝利、日本軍の惨敗」はまちがっていることが明らかになっているが、苦闘だったことは事実である。

日本と軍事同盟（日独伊三国同盟）を結んでいたナチス・ドイツが、ソ連に侵攻。米英がソ連を援助すれば、日本は米英ソを敵に回すこととなり、とても勝ち目はない。いっそう早い崩壊につながった可能性もある。

永田構想の考案者であり、頭脳的にも人間的にも柔軟性を持った永田鉄山その人であれば、補給の限界を超えるような戦線の拡大は避けられたかもしれない。それゆえ戦争は長期化し、あるいは有利な戦況で講和に持ち込めたかもしれない。しかし、戦争そのものは避けることができなかったというのが、筆者の推論である。

大日本帝国の宿命

昭和一〇年代の日本にとって、戦争を避ける道がなかったわけではないが、ある時点で戦争回避が非常に難しくなった。それは、宿命だったように思う。

運命論はともすれば、歴史の道を必然的にとらえ、別の方向を探ろうと必死になった人々の努力を忘れがちである。しかし、けっしてそうではない。小さく枝分かれした道の行く先を、あらかじめ知っている人などいない。日本が戦争に突き進んだ道は唯一ではないが、大きく提示されたうちの一つではあった。

では、明治に始まった近代日本はどのようにして、昭和一六（一九四一）年の太平洋戦争開戦に行き着いたのか。

明治政府が近代化に乗り出した時点で、日本は欧米列強に後れを取っていた。世界の主導権は彼らにあり、植民地支配は悪ではなく、人種差別は当然だった。そのなかに非白人

開戦

昭和16(1941)年12月8日、ハワイ真珠湾(しんじゅわん)に向けて航空母艦を発進する97式艦上攻撃機
(毎日新聞社提供)

国家の日本が入るのは、相当な無理が必要だったことは言うまでもない。そして、急ピッチで近代国家を作り上げ、日露戦争を経て、第一次世界大戦前後には、欧米と肩を並べるところまでこぎつけた。

しかし、その欧米が作る秩序も制度疲労を起こしていた。そこで起きたのが、第一次世界大戦である。英仏を中心とした連合国に対し、中央同盟国の中心だったドイツは一つの国家として統一されるのが遅れ、植民地争奪戦からはずれていた。他国との軋(きし)みは大きくなり、サライェヴォでの事件をきっかけに衝突した。

第一次世界大戦の結果としてもたらされたベルサイユ体制は、これ以上衝突が起きないように施(ほどこ)された、苦肉(くにく)の策だったかもしれない。遅かれ早かれ「旧秩序」は崩壊し、「新しい世界」に再編されただろう。

その再編に際し、現在の秩序を保持しながら、ゆるやかに組み替えていく方法もあった。中国では新しい世代によるナショナリズムが勃興し、欧米に並んだ日本は、アジアに少なからぬ影響を与えた。日本はこれらを考慮し、欧米との協調を続けながら世界を変えていくことができたかもしれない。ベルサイユ体制も、ワシントン・ロンドン海軍軍縮条約による軍備制限も、ある意味で旧秩序を保持しながらゆっくりと変革を促(うなが)す道だった。

いっぽう、旧秩序を一気に崩壊させる要素や条件——人種・民族問題、経済問題、イデオロギー問題——も整っていた。

旧秩序の形成者が再び作ろうとしていた秩序は、そのなかで不利な立場に立たされる日本にとっては許容しがたいものだった。もはや日本は近代化を目指す立場ではなく、秩序を形成する側である。それが未(いま)だ一段低く見られるならば、反発するに違いない。その反発は、衝突に至る——永田は、この道が必ず訪れると考え、備えようとしたのである。

あの日、すなわち昭和一〇（一九三五）年八月一二日の相沢事件についても、すこし視野を広く取って見る必要があるだろう。微視的に見れば、相沢を凶行に駆り立てたのは真崎教育総監の更迭であり、それを告発した怪文書であった。

しかし、巨視的に眺めれば、そこには近代日本が抱えた矛盾がある。誇り高き「陛下の軍隊」の兵士の家族が貧困にあえぎ、食べるものも満足にない。いっぽう、政治家は汚職に手を染め、国民は政治に失望し、経済は低迷している。西洋に追いつけと走り続け、追いついたと感じたところで無理がたたり、国家は軋んでいた。

出口の見えない不安のなかで、青年将校は解決の道を「神聖天皇」に求めた。神武天皇以来、民草の上に情けを垂れ給う、神々しい「神」としての姿だ。それは西洋化によって生じた歪みを正してくれるはずだった。

その前に立ちはだかり、邪魔をすると思われたのが、永田を中心とする統制派である。彼らは輝かしき歴史に淵源を持つ（と青年将校が考える）「情」ではなく、西洋的な「理」で国家を動かしていた。天皇とその赤子たる国民の家族的紐帯ではなく、西洋からもたらされた「合理」の考え方である。これは、青年将校には受け入れがたいものだった。

相沢三郎の事件前後の言動を見ると、その宗教性と神秘性、すなわち「反近代」の熱度は明瞭である。彼は心底、自分の行為を悪いことと思っていなかった。それは、逮捕直後の態度に明らかである。東京憲兵隊麴町分隊長の森健太郎少佐は、相沢を取り調べた際、わざと一人にして部屋に残しておいた。しかも、凶行で使用した刀を置いて。

ぼくは内心、彼が自ら潔くするならば、あるいは自決の態度をとるだろう、と考えていた。このことは一個の捜査官としては、責任の及ぶところであるが、ぼくのこの小さい責任など、どうでもよい。彼が死をもって最後をかざってくれた方が、全軍のため好ましいことだと思い、あえてこうした機会を与えるようにしておいたのだ。ところが、いつまで待っても知らん顔をしている。死ぬなどの気配は毛頭ない。とうとうしんぼうできなくなったぼくは、これからどうするのかと聞いてみると、取調べさえすめば、偕行社に立ちよって買い物をして、それから台湾に赴任する、というのだ。これを聞いてぼくは、即刻、かれを軍法会議に送ることにしたのだ――。

（大谷敬二郎『憲兵秘録』）

森は、武士の情けで「縄目の恥」を受けさせないよう配慮したのだろう。ということは、森も行為はともかく、心情においては相沢に同情を寄せていたことになる。しかし、相沢は自決しなかった。彼の死刑に臨む態度は立派だったというから、死を恐れたわけではないだろう。単純に、「罪ではない」と思い込んでいたとしか考えられない。

評論家の山本七平は、相沢が永田を惨殺することを「大御心だ」などと言ったら、昭和天皇は「驚いて跳びあがったであろう」と述べているが（山本七平『昭和天皇の研究』）、その通りであろう。

相沢は決行前に神に祈り、決行後は「天誅」と言った（小坂『特高 二・二六事件秘史』）。しかし、相沢はとうとう気がつかなかった。その狂信的な天皇信仰そのものが近代の所産であり、昭和天皇は理性的であろうと常に振る舞い、近代的な立憲君主像を理想としていたことを。

あの日、軍務局長室で交錯した二人の運命は、近代日本が抱えていた矛盾の、一つの縮図だったのかもしれない。

第六章
昭和天皇の言葉

昭和天皇と永田鉄山

永田が殺害された日、当然ながら、昭和天皇にもその事実は伝えられた。報告したのは、侍従武官長の本庄繁（ほんじょうしげる）（陸軍大将）である。本庄によれば、報告を聞いた昭和天皇は「陸軍に如比（かくのごとき）珍事ありしは誠に遺憾なり。更（さら）に詳しく聴取し上奏」せよ、と命じている（本庄繁『本庄日記』）。

昭和天皇が、永田鉄山という軍人をどれほど知っていたかはよくわからない。逸材とはいえ、永田は当時、局長級（軍務局長）の陸軍少将（事件後に中将進級）であり、上級幹部ではない。天皇と接することもほとんどなかった。多くの政治家、官僚、軍人のなかで、特別なことでもない限り、鮮明な記憶がないのは当然だろう。

いっぽう、永田は昭和天皇に対してどのように考えていたのか。

当時の日本人として、また軍人として敬愛の心は持っていたことはまちがいないだろう。しかし、昭和天皇その人や、天皇制について言及した形跡は、筆者の調べた限りではなかった。武藤章の言うところの「合理適正居士」であるからして、熱狂的崇拝者ではないことは想像がつく。

昭和天皇

昭和3(1928)年、宮内省が貸し下げた御真影(ごしんえい)。大元帥の正装を着用

(朝日新聞社提供)

永田は机上の空論家ではなく、地に足がついた考え方をする。ならば、臣下として軍務局長の仕事をこなすことに専心していたのではないだろうか。

君主の視座

昭和天皇は、臣下をどのように見ていたのだろう。その一つとして、昭和天皇による東条英機評を見てみたい。

> 元来東条という人物は、話せばよく判る、それが圧制家の様に評判が立ったのは、本人が余りに多くの職をかけ持ち、忙しすぎる為に、本人の気持ちが下に伝らなかったこと、又憲兵を余りに使い過ぎた。
>
> （寺崎英成、マリコ・テラサキ・ミラー『昭和天皇独白録 寺崎英成御用掛日記』）

> 東条は一生懸命仕事をやるし、平素言っていることも思慮周密で中〻良い処があった。
>
> （同右）

これらの発言は戦後のことだが、昭和天皇は東条の真摯な態度、緻密な頭脳を高く評価している。東条が悪く言われるようになったのは、東条の兼職の多さ（首相・陸相・参謀総長など）と憲兵の使いすぎが原因と述べている。

前章で述べたように、昭和天皇は近代的な感覚の持ち主で、皇道派青年将校の夢見る「神聖天皇」の姿とはかけ離れていた。明治天皇を範とし、イギリス風の立憲君主を理想とし、憲法を守ることを重視した。それは、天皇機関説問題に対する態度からもわかる。

> 自分の位は勿論別なりとするも、肉体的には武官長等と何等変る所なき筈なり、従て機関説を排撃せんが為め自分をして動きの取れないものとする事は精神的にも身体的にも迷惑の次第なり……。
>
> （本庄『本庄日記』）

在郷軍人の名に於て各方面へ配布せし機関説に関する「パンフレット」に付御下問あり。即ち此の如きは在郷軍人として遣り過ぎにあらざるかと拝す、即ち、軍部にては機関説を排撃しつゝ、而も此の如き、自分の意思に悖る事を勝手に為すは即ち、朕を機関説扱と為すものにあらざるなき乎……。（同右）

昭和天皇の考えは一部の軍人や右翼が騒いでいることとは逆であり、美濃部と非常に近いことがよくわかる。天皇機関説の排撃を「迷惑」と言い、「自分の意思に悖る」と述べている。もし、天皇機関説・排撃者が信奉する天皇主権説を正しいとするならば、天皇の「御意志」を尊重し、逆に機関説を取らなければならない。つまり、昭和天皇の「朕を機関説扱い」との言葉は強烈な皮肉になっているのである。

さらにわかりやすいのが、二・二六事件における昭和天皇の態度である。反乱部隊は「尊皇討奸」、すなわち天皇を尊重して周囲にいる賊を討つ、をスローガンとして決起した。しかし、昭和天皇は、重臣たちを殺害した青年将校を許さなかった。

本庄繁が、彼らの行為はともかく、その精神は「君国を思うに出でたるもの」であるから「必ずしも咎むべきにあらず」と言上したのに対し、「朕が股肱の老臣を殺戮す、此の如き凶暴の将校等、其の精神に於ても何の恕すべきものありや」と一蹴。そして、鎮圧が進まないことに苛立ち、「朕自ら近衛師団を率い、此れが鎮定に当らん」と、怒りを爆発させている（同右）。

本庄の女婿・山口一太郎大尉は青年将校の一味であり（のちに無期禁錮）、そのこともあってか、本庄は彼らに同情的だった。しかし、昭和天皇の発言はにべもない。彼らの行動だけでなく、その心情をも拒絶している。その怒りの大きさは、「朕自ら近衛師団を率い」という言葉に表われている。青年将校が思い描いた「現人神」とは異なった意識を持っていたのである。

この、昭和天皇と青年将校の意識の乖離に対し、怒りを覚えたのが磯部浅一だった。

今の私は怒髪天をつくの怒りにもえています、私は今、陛下を御叱り申上げるところに迄精神が高まりました、だから毎日朝から晩迄、陛下を御叱り申しております、天皇陛下、何という御失政でありますか、何と言うザマです、皇祖皇宗に御あやまりなされませ……。

（河野『二・二六事件　獄中手記・遺書』）

恐るべき執念、いや妄念と言ってもいいかもしれない。自省や悲嘆ではなく、激怒しているのだ。しかし、こうした姿勢こそ昭和天皇が嫌ったものだった。自分たちの思い通りにならないと怒るのは、それこそ天皇を「操り人形」としてしか考えていないことになるだろう。

昭和天皇は神に祭り上げられることを好まず、青年将校や右翼が志向した狂信的な宗教性に嫌悪感を抱いていた。そして、君主として伝統的な天皇像と近代的な立憲君主像を調和させようと努力した。「昭和」という時代を、文字通り一身に背負った生涯だった。

永田であれば

昭和天皇は戦後、敗戦の原因について次のように述べていた。

敗戦の原因は四つあると思う。

第一、兵法の研究が不十分であった事、即孫子の、敵を知り、己を知らねば、百戦危からずという根本原理を体得していなかったこと。

第二、余りに精神に重きを置き過ぎて科学の力を軽視した事。
第三、陸海軍の不一致。
第四、常識ある主脳者の存在しなかった事。往年の山縣〔有朋〕、大山〔巌〕、山本権兵衛、と言う様な大人物に欠け、政戦両略の不十分の点が多く、且軍の主脳者の多くは専門家であって部下統率の力量に欠け、所謂下克上の状態を招いた事。

（寺崎・マリコ『昭和天皇独白録 寺崎英成御用掛日記』）

どれも大方の了解を得られるものと思うが、第四は意味深である。前述のように、昭和天皇は、東条英機をそれなりに評価していた。

東条は戦争中、その大部分を指揮・指導したが、東条内閣下で戦局は悪化し、敗戦への道筋を作った。もちろん、戦局の悪化は東条一人の責任であるわけではないが、日露戦争を指揮・指導した山県有朋や山本権兵衛のような「大人物」ではなかった。

では、永田はどうか。「後方から弾の続いてこないたくさんの兵隊を戦線に並べるということは無意味」と言い切る永田は、「精神に重きを置き過ぎ」ることはなかったろう。

また、陸軍以外にも幅広い人脈を持ち、他省の官僚とも良好な関係を築いていた永田であれば、陸海軍間の調整もうまくいったかもしれない。加えて、多くの部下から慕われた常識人でもあった。

もちろん、永田とて万能ではないし、実際に戦争指導をしてみれば、うまくいかないことも多々あるだろう。しかし、国運をかけた大戦争を行なおうとする際、その指揮・指導者には、総力戦について誰よりも知悉し、日本の弱点や限界も見えていた永田が適任である。

そして、おそらく昭和天皇にも気に入られただろう。昭和天皇の東条への評価（真摯な仕事ぶり）を考えれば、永田も同様に評価されたことはまちがいない。永田は東条よりも優秀で、バランス感覚に優れている。軍の統制が乱れることを嫌った点も、昭和天皇に好まれただろう。何よりも、その合理的思考は、近代的君主たろうとした昭和天皇のそれとも合致する。

大日本帝国憲法下の天皇は、名目上はともかく、その大権を直接行使することはほとんどなかった。しかし、その「御意志」には千鈞の重みがあり、政府と軍部の意思統一をは

無言の帰宅

昭和10(1935)年8月13日、松濤の自宅にて弔問を受ける遺族。喪主は永田の長男・鉄城(左から2人目)　(永田家所蔵)

からねばならない点からも、天皇との意思疎通は不可欠である。永田なら、それをもやり遂げたと思う。

　これは想像にすぎないが、天皇が思い浮かべた人材の名簿に、昭和の動乱で倒れた人々の名前を加えたなら、「永田鉄山」の名は、その上位に入るのではないだろうか。

おわりに――人物に惹かれて

永田鉄山は不思議な人物である。昭和陸軍の軍人としては東条英機や石原莞爾に比べ、知名度は高くない。いっぽう、昭和史に関する書籍を繙けば、必ずと言っていいほど、その名が出てくる。そこには相沢事件への言及、または派閥抗争における統制派の雄として記述されている。

しかし、永田鉄山が殺されたことの何が重要か、なぜ殺されたのかは、概説書ではわからない。枢要な地位にいた軍人が白昼斬殺される展開は確かにショッキングだが、大正末から昭和前期に起こった他のテロ事件と共に、「暗い時代」というイメージを補強する装飾の一つとして添えられてしまう。

昭和、特に戦前は「陸軍の時代」だった。歴史に占める比重は非常に大きい。その陸軍の中心にいたのが永田鉄山であり、彼の死が陸軍を変えたのなら、その人物に焦点をあててみたい。これが執筆の動機である。

とはいえ、問題もあった。石原莞爾ほどではないにせよ、すでに少なくない論及がある。たとえば、今回多くを参考にさせてもらった川田稔氏や森靖夫氏などの著書は、一般にもかなり知られている。書きたくとも自分に入る隙はないだろうと思っていた。そこに、「『相沢事件』に焦点をあててみては」とご提案いただいたのが、祥伝社の飯島英雄氏であった。永田の人となりにも言及はするが、なぜ彼が殺されたのか。生きていたらどうなったか。また、殺した側の論理はどうだったか——と。

このなかで、「生きていたら」に強く惹かれた。実証を重んじる研究者が、あまり踏み込まないところである。もちろん、好き勝手に空想を膨らませて小説になっては意味がない。何ができて何ができなかったかを、残された記録や取材から迫ることを心がけた。それができているか否かは、読者の判断に任せたい。

写真に関しては、今回はじめて世に出ると思われる珍しい写真も掲載されている。それら貴重な写真をお貸しいただいたのは、永田の孫にあたる永田佳美さんだ。佳美さんがキャリーバッグに入れて、アルバムをお持ちいただいた時、これほど写真が残っていることに驚いた。永田の娘である大竹昌子さんにも、貴重な話をお聞かせいただいた。「はじめに」でも触れたように上品な方で、昌子さんを通じて永田家の家風、そして重夫人が伝えたであろう礼節を感じた。お二人には大変感謝している。

本書には、先学の成果を多く取り入れさせていただいている。その成果なくして、完成しなかった。劣等生とはいえ、史学科にいた筆者は、研究者の苦労もすごみも多少なりともわかっているつもりである。感謝と共に敬意を表したい。

また、祥伝社の飯島氏のアイデアとサポートなくして、本書はできなかっただろう。永田鉄山という存在について、また近代日本について、改めて考えるきっかけをいただいた。感謝したい。そして何よりも、拙文（せつぶん）をお読みいただいた読者の皆様。筆者のような未熟者が歴史と向き合えるのも、読者の存在あってこそである。心から感謝申し上げます。

二〇一九年六月

筆者識す

参考文献

新井勲『日本を震撼させた四日間』文藝春秋　一九八六年
荒川秀俊「永田鉄山中将と藤原咲平先生」『日本歴史』一九六八年二四〇号
池田純久「永田鉄山斬殺と陸軍の暗闘」『人物往来』一九五五年一二月号
石橋恒喜『昭和の反乱 上巻』高木書房　一九七九年
伊藤隆・広瀬順晧『牧野伸顕日記』中央公論社　一九九〇年
伊藤隆・佐々木隆・季武嘉也・照沼康孝編『真崎甚三郎日記 昭和十年三月〜昭和十一年三月』山川出版社　一九八一年
伊藤隆監修、百瀬孝著『事典 昭和戦前期の日本』吉川弘文館　一九九〇年
井上日召著、玉井顕治編『井上日召伝』日本週報社　一九八〇年
今井清一・高橋正衛編『現代史資料(4) 国家主義運動(1)』みすず書房　一九六三年
今村均『私記・一軍人六十年の哀歓』芙蓉書房　一九七〇年
大蔵栄一『二・二六事件への挽歌』読売新聞社　一九七一年
大谷敬二郎『憲兵秘録』原書房　一九六八年
大谷敬二郎『昭和憲兵史』みすず書房　一九七九年

片倉衷『片倉参謀の証言 叛乱と鎮圧』芙蓉書房 一九八一年
川田稔『昭和陸軍全史1』講談社 二〇一四年
川田稔『昭和陸軍の軌跡』中央公論新社 二〇一一年
川田稔『浜口雄幸と永田鉄山』講談社 二〇〇九年
川田稔『石原莞爾の世界戦略構想』祥伝社 二〇一六年
川田稔編『永田鉄山軍事戦略論集』講談社 二〇一七年
河辺虎四郎『河辺虎四郎回想録』毎日新聞社 一九七九年
木戸幸一『木戸幸一日記 上巻』東京大学出版会 一九六六年
小池聖一・森茂樹編『大橋忠一関係文書』現代史料出版 二〇一四年
小磯国昭自叙伝刊行会編『葛山鴻爪』中央公論事業出版 一九六三年
河野司編『二・二六事件 獄中手記・遺書』河出書房新社 一九七二年
小坂慶助『特高 二・二六事件秘史』文藝春秋 二〇一五年
小林龍夫・島田俊彦編『現代史資料(7) 満洲事変』みすず書房 一九六四年
小松緑『明治外交秘話』原書房 一九七六年
斎藤瀏『二・二六』改造社 一九五一年
参謀本部編『杉山メモ 上』原書房 一九八九年

上法快男『陸軍省軍務局』芙蓉書房　一九七九年
末松太平『私の昭和史』みすず書房　一九八九年
菅原裕『相沢中佐事件の真相』経済往来社　一九七一年
須山幸雄『二・二六事件　青春群像』芙蓉書房　一九八一年
須山幸雄『作戦の鬼　小畑敏四郎』芙蓉書房　一九八三年
高橋正衛『昭和の軍閥』中央公論社　一九六九年
高橋正衛『二・二六事件』中央公論新社　一九九四年
高宮太平「永田鐵山暗殺の蔭の犠牲者」『讀本・現代史』文藝春秋新社　一九五四年
高宮太平『昭和の将帥』図書出版社　一九七三年
高宮太平『軍国太平記』中央公論新社　二〇一〇年
田崎末松『評伝　真崎甚三郎』芙蓉書房　一九七七年
田中新一著、松下芳男編『作戦部長、東條ヲ罵倒ス』芙蓉書房　一九八六年
谷田勇『龍虎の争い』紀尾井書房　一九八四年
土橋勇逸『軍服生活四十年の想出』勁草出版サービスセンター　一九八五年
筒井清忠『昭和期日本の構造』講談社　一九九六年
角田順編『石原莞爾資料(増補)国防論策篇』原書房　一九八四年

寺崎英成、マリコ・テラサキ・ミラー『昭和天皇独白録 寺崎英成御用掛日記』文藝春秋 一九九一年
テレビ東京編『証言・私の昭和史2 戦争への道』文藝春秋 一九八九年
東郷茂徳『時代の一面』中央公論社 一九八九年
戸部良一『日本の近代9 逆説の軍隊』中央公論社 一九九八年
中村菊男編『昭和陸軍秘史』番町書房 一九六八年
永田鉄山刊行会編『秘録 永田鉄山』芙蓉書房 一九七二年
西浦進『昭和戦争史の証言 日本陸軍終焉の真実』日本経済新聞出版社 二〇一三年
西浦進『昭和陸軍秘録』日本経済新聞出版社 二〇一四年
額田坦『陸軍省人事局長の回想』芙蓉書房 一九七七年
秦郁彦『昭和史の軍人たち』文藝春秋 一九八二年
畑野勇「ロンドン海軍軍縮条約と宮中・政党・海軍」筒井清忠編『昭和史講義』筑摩書房 二〇一五年
林銑十郎『満洲事件日誌』みすず書房 一九九六年
原田熊雄『西園寺公と政局 第三・第四巻』岩波書店 一九五一年
兵頭二十八『近代未満の軍人たち』光人社 二〇〇九年
舩木繁『支那派遣軍総司令官 岡村寧次大将』河出書房新社 一九八四年
堀茂「第一次大戦後帝国陸軍『革新』幕僚の志向とその施策」『政治経済史学』二〇一六年五九三号

参考文献

本庄繁『本庄日記』原書房　一九六七年
松下芳男『永田鐵山論　附録國家總動員に就て』小冊子書林　一九三五年
真鍋先生伝記編纂会編『真鍋嘉一郎』大空社　一九九八年
武藤章『比島から巣鴨へ』中央公論新社　二〇〇八年
森靖夫『永田鉄山』ミネルヴァ書房　二〇一一年
守島康彦編『昭和の動乱と守島伍郎の生涯』葦書房　一九八五年
矢次一夫『昭和動乱私史 上』経済往来社　一九七八年
矢次一夫『天皇・嵐の中の五十年』原書房　一九八一年
山本七平『昭和天皇の研究』祥伝社　二〇一五年
横山臣平『秘録 石原莞爾 新版』芙蓉書房出版　一九九五年

切りとり線

★読者のみなさまにお願い

この本をお読みになって、どんな感想をお持ちでしょうか。祥伝社のホームページから書評をお送りいただけたら、ありがたく存じます。今後の企画の参考にさせていただきます。また、次ページの原稿用紙を切り取り、左記まで郵送していただいても結構です。

お寄せいただいた書評は、ご了解のうえ新聞・雑誌などを通じて紹介させていただくこともあります。採用の場合は、特製図書カードを差しあげます。

なお、ご記入いただいたお名前、ご住所、ご連絡先等は、書評紹介の事前了解、謝礼のお届け以外の目的で利用することはありません。また、それらの情報を6カ月を越えて保管することもありません。

〒101-8701（お手紙は郵便番号だけで届きます）
祥伝社新書編集部
電話03（3265）2310
祥伝社ホームページ　http://www.shodensha.co.jp/bookreview/

★本書の購買動機（新聞名か雑誌名、あるいは○をつけてください）

＿＿＿＿新聞の広告を見て	＿＿＿＿誌の広告を見て	＿＿＿＿新聞の書評を見て	＿＿＿＿誌の書評を見て	書店で見かけて	知人のすすめで

★100字書評……永田鉄山と昭和陸軍

名前

住所

年齢

職業

岩井秀一郎　いわい・しゅういちろう

歴史研究者。1986年、長野県生まれ。2011年、日本大学文理学部史学科卒業。2017年、はじめての著書『多田駿伝――「日中和平」を模索し続けた陸軍大将の無念』（小学館）にて、第26回山本七平賞奨励賞を受賞。昭和史を中心とした歴史研究・調査を続けており、各紙誌への寄稿、講演も行なっている。

永田鉄山（ながたてつざん）と昭和陸軍（しょうわりくぐん）

岩井秀一郎（いわいしゅういちろう）

2019年7月10日　初版第1刷発行

発行者……………辻 浩明
発行所……………祥伝社しょうでんしゃ
〒101-8701　東京都千代田区神田神保町3-3
電話　03(3265)2081(販売部)
電話　03(3265)2310(編集部)
電話　03(3265)3622(業務部)
ホームページ　http://www.shodensha.co.jp/

装丁者……………盛川和洋
印刷所……………萩原印刷
製本所……………ナショナル製本

Printed in Japan　ISBN978-4-396-11575-3　C0221

〈祥伝社新書〉
古代史

316
古代道路の謎
奈良時代の巨大国家プロジェクト

巨大な道路はなぜ造られ、廃絶したのか？　文化庁文化財調査官が解き明かす

文化庁文化財調査官　**近江俊秀**

423
天皇はいつから天皇になったか？

天皇につけられた鳥の名前、天皇家の太陽神信仰など、古代天皇の本質に迫る

元・龍谷大学教授　**平林章仁**

326
謎の古代豪族　葛城氏

天皇家と並んだ大豪族は、なぜ歴史の闇に消えたのか？

平林章仁

513
蘇我氏と馬飼集団の謎

「馬」で解き明かす、巨大豪族の正体。その知られざる一面に光をあてる

平林章仁

510
渡来氏族の謎

秦氏、東漢氏、西文氏、難波吉士氏など、厚いヴェールに覆われた実像を追う

歴史学者　**加藤謙吉**

〈祥伝社新書〉
古代史

370
神社が語る古代12氏族の正体
神社がわかれば、古代史の謎が解ける！
歴史作家 関 裕二

415
信濃が語る古代氏族と天皇
日本の古代史の真相を解くカギが信濃にあった。善光寺と諏訪大社の謎
関 裕二

469
天皇諡号が語る古代史の真相
天皇の死後に贈られた名・諡号から、神武天皇から聖武天皇に至る通史を復元
関 裕二 監修

456
古代倭王の正体 海を越えてきた覇者たちの興亡
邪馬台国の実態、そして倭国の実像と興亡を明らかにする
古代史研究家 小林恵子

535
古代史から読み解く「日本」のかたち
天孫降臨神話の謎、邪馬台国はどこにあったのか、持統天皇行幸の謎ほか
国際日本文化研究センター教授 倉本一宏
マンガ家 里中満智子

〈祥伝社新書〉
中世・近世史

278
源氏と平家の誕生
なぜ、源平の二氏が現われ、天皇と貴族の世を覆したのか？
歴史作家 **関 裕二**

501
天下人の父・織田信秀
信長は何を学び、受け継いだのか
信長は天才ではない、多くは父の模倣だった。謎の戦国武将にはじめて迫る
戦国史研究家 **谷口克広**

442
織田信長の外交
外交にこそ、信長の特徴がある！ 信長が恐れた、ふたりの人物とは？
谷口克広

565
乱と変の日本史
観応の擾乱、応仁の乱、本能寺の変……この国における「勝者の条件」を探る
東京大学史料編纂所教授 **本郷和人**

527
壬申の乱と関ヶ原の戦い
なぜ同じ場所で戦われたのか
「久しぶりに面白い歴史書を読んだ」磯田道史氏激賞
本郷和人